작은 공방,
큰 비즈니스가 되다

나혜선 지음

작은 공방, 큰 비즈니스가 되다

부업으로 시작해 사업의 틀을 갖추기까지

mons
엠오엔에스

프롤로그

**부업으로 시작한 초보 창업가,
사업의 구조를 만들고 브랜딩을 하기까지**

'내가 브랜드를 운영하고 있는 게 맞긴 한 걸까?'

사업을 시작하고 1년 차가 되었을 무렵, 문득 이런 생각이 들었다. 주변에서는 잘된다고 말해 줬고, 팔릴 때는 정말 잘 팔리기도 했다. 그런데 다음 달은 또 조용했고, 다음 콘텐츠는 무얼 해야 할까 고민만 하다가 시간을 흘려보내기 일쑤였다. 그땐 알지 못했다. 내가 제품을 팔고 있는 건지, 브랜드를 운영하고 있는 건지. 그리고 그 두 가지가 다르다는 것도 몰랐다.

의미 있는 순간이 담긴 예쁜 꽃을 말려 오브제로 남기고, 감동적인 리뷰를 받을 때면 '아, 내가 좋아하는 일을 하며 돈을 벌고 있구나.'라고 생각했다. 하지만 한 달 단위로 널뛰는 매출, 누군가의 콘텐츠에 치여 묻히는 내 계정, 수업은 늘 바쁜데도 늘 불안정한 통장 잔고는 내가 생각했던 '내 일'의 모습과는 꽤 달랐다. 이걸 오래 지속하려면 좋아하는 것만으로는 안 되겠다는 걸 그때서야 깨달았다. 감각은 감각일 뿐, 브랜드에는 구조가 필요하다는 것도.

그렇게 막연하게 구조를 고민하던 어느 날, 예상치 못한 한 장면이 내 생각을 완전히 뒤흔들었다. 수업을 진행하던 중, 어떤 남자가 문틈으로 고개를 빼꼼 내밀더니 이렇게 말했다.

"혹시 피존 안 필요하세요?"

너무 갑작스러워서, 나는 속으로 '세상에, 별 이상한 사람도 다 있네.' 하고 넘겼다. 그런데 이상하게도 그 남자가 머릿속을 떠나지 않았다. 그러다 문득 이런 생각이 들었다.

"만약 그 사람이 30만 팔로워를 가진 리빙 인플루언서였다면 어땠을까? 그랬다면 나는 그를 '이상한 사람'이 아니라 '나에게 필요한 사람'으로 받아들였을 텐데."

그 순간 깨달았다. 우리는 '누가 말하느냐'와 '어떻게 보여지느냐'에 따라 브랜드를 전혀 다르게 기억한다는 것을.

그 일을 계기로 나는 브랜드가 고객에게 발견되는 순간을 다시 보기 시작했다. 왜 어떤 콘텐츠는 눈길을 끌고, 어떤 피드는 신뢰를 주며, 어떤 브랜드는 결국 팬을 만들게 되는지를 분석하기 시작했다. 그렇게 반복해서 정리하고, 실험하고, 관찰한 끝에 이 흐름에 이름을 붙였다. 바로 그 에피소드에서 따온 이름, '피존 트리거(Pigeon Trigger)'.

고객이 브랜드를 발견하고, 관심을 갖고 유입되고, 신뢰를 느끼고 구매로 이어지고, 결국에는 브랜드의 사람이 되는 5단계 흐름이다. 이 구조를 알게 된 뒤부터는 콘텐츠가 더 명확해졌고, 수강생은 더 자주 돌아왔으며, 브랜드는 조금씩 그리고 안정적으로 자라기 시작했다.

그 변화는 단순한 마케팅 효과를 넘어 브랜드 전체의 방향과 가능성을 바꾸어 놓았다. 지금은 국내 최초로 리부케 기술을 바탕으로 미국 시장에 진출해 워크숍을 진행하고 있으며, 전시 기획자이자 강사, 때로는 작가로도 활동 중이다. 2024년 상반기에 론칭한 부자재 도매 브랜드 역시 안정적으로 자리 잡았고, 브랜드 전체로는 월 매출 1억 원을 넘긴 적도 있다. 감각 하나로 시작했던 일이 이제는 교육·콘텐츠·유통·기획까지 아우르는 하나의 브랜드 생태계로 확장되었다.

지금 이 책을 읽고 있는 당신도, 아마 예전의 나처럼 열심히는 하고 있는데 뭔가 구조가 없는 느낌, 팔리긴 하는데 이유를 모르겠는 혼란, 좋아하는 걸 오래 하고 싶은데 방향이 흐릿한 상태일지도 모른다.

그 마음을 안다. 나도 그랬으니까. 그래서 이 책은, 단순히 '이렇게 하면 잘된다.'는 공식이 아니라 한 명의 창업자가 어떻게 자기만의 브랜드 구조를 만들었는지, 무엇을 기준으로 콘텐츠를 만들고, 브랜딩을 해왔는지를 풀어내고자 했다.

브랜드는 감각으로 시작해도 괜찮다. 하지만 오래가려면 결국 구조로 운영되어야 한다. 이 책이 부디 당신의 브랜드가 더 멀리, 더 단단하게 나아가는 데 작은 힘이 되길 바란다.

2025년 가을 초입에
나혜선

차례　　　프롤로그　　　　　　　　　　　　　　　　　　　　5

PART 1
부업에서
창업까지

회사 몰래 부업하다 퇴사한 나 대리　　　　　　　　　13
난생처음 창업, 돈도 인맥도 없이 시작하다　　　　　18
내 손으로 직접 만든 상품을 판다는 것　　　　　　　22
나 대리에서 선생님이 된 순간　　　　　　　　　　　27
아무도 알려주지 않은 불편한 진실　　　　　　　　　32
퇴사를 가장 후회했던 순간　　　　　　　　　　　　　39
창업 초기, 불안해하던 그 시절의 나에게 해주고 싶은 말　43

PART 2
1인 사업도
기업이
될 수 있다
S.O.L.I.D
성장 공식

공방에 대한 오해와 편견　　　　　　　　　　　　　　51
1단계. Structure: 브랜드 기반 다지기(1) – 시장이 반이다　55
　　　　Structure: 브랜드 기반 다지기(2) – 독백하는 사장들　60
2단계. Opportunity: 다양한 기회 창출 – 고객이 나를
　　　　발견하게 만드는 법　　　　　　　　　　　　　65
3단계. Leverage: 수익 모델 확장
　　　　– 혼자서 얼마까지 벌 수 있을까?　　　　　　72
4단계. Impact: 고객과의 연결
　　　　– 감정으로 구매하는 고객들　　　　　　　　89
5단계. Dominate: 차별화 전략
　　　　– 경쟁 없는 시장을 개척하다　　　　　　　　95

PART 3
브랜드가
커지면
생기는 일들

밤 12시, 고객에게서 온 연락　　　　　　　　　　　107
직원을 고용해야 하는 타이밍　　　　　　　　　　　114
5평 매장으로 시작해 해외까지　　　　　　　　　　123
꽃을 넘어 문화로　　　　　　　　　　　　　　　　132

PART 4	광고비 0원으로 매출을 극대화하는 법	139
SNS 없이	피죤 트리거 1단계: 발견	
1인 사업을	─수많은 피드 속에서 '한 번 더 보게 만드는' 방법	146
논하지 말라	피죤 트리거 2단계: 유입	
	─프로필만 봐도 신뢰를 주는 계정 설계	152
	피죤 트리거 3단계: 신뢰	
	─고객이 믿고 첫 결제를 하게 되는 구조	157
	피죤 트리거 4단계: 구매 유도	
	─망설이는 고객의 마음을 움직이는 방법	163
	피죤 트리거 5단계: 팬으로 전환	
	─자발적으로 다시 찾아오는 구조 만들기	169
	한국에서 사업하려면 반드시 해야 하는 플랫폼	175
	이것까지 해야 한다고?	194
	월 1,000만 원 벌고 깨달은 것	208
	마케팅의 기본도 모르던 나를 변화시킨 사람	215

PART 5	SNS 없는 세상에 살고 싶다	229
나를	평범한 사람과 비범한 사람의 차이	235
잃지 않고	무엇을 위해 여기까지 왔을까?	239
일하는 법	이도 저도 안 될 땐 100번 써라	242

PART 6	길을 잃고 방황하고 있는 당신에게	249
자신의 길을	혼자 걸어온 줄 알았던 길	256
만드는	나만 성공하는 건 불가능하다	260
사람들	기회를 만드는 3G 공식	266

에필로그 273

PART 1

부업에서 창업까지

회사 몰래 부업하다 퇴사한 나 대리

공대를 졸업한 뒤 패션 브랜드 VMD(비주얼 머천다이징) 분야에서 활동적인 일을 하던 나는, 체력적으로 한계를 느껴 사무직으로 이직했다. 안정적인 직장이었지만 그즈음 난 매일 반복되는 회의, 내 일 같지 않은 업무 등으로 점점 지쳐가고 있었다. 그때 우연히 인스타그램에서 본 꽃 사진이 눈에 띄었다.

'주말에 할 것도 없는데 꽃이나 배워볼까?'

사실 나는 꽃을 좋아하지 않았다. 매일 관리하는 것도 귀찮고, 며칠 뒤면 시들어 버리는 게 싫었다. 하지만 이상하게도, 꽃을 다루는 순간만큼은 머릿속이 복잡하지 않았다. 별 기대 없이 배우기 시작한 꽃은 내 일상의 유일한 낙이 되었다. 처음엔 그저 취미였는데, 어느새 내가 만든 꽃다발을 돈 주고 구매하겠다는 지인들이 나타나기 시작했다.

마음속에 '꽃집 창업'이라는 작은 씨앗이 자라나기 시작할 무렵, 나는 덜컥 사업자 등록부터 해버렸다. 그때부터 예쁜 스튜디오를 빌려 지인들을 모아 플라워 클래스를 진행했다. 평일에는 회사를 다니고 금요일 저녁이나 주말을 이용하여 나와 같은 직장인 친구들을 대상으로 하는 클래스를 연 것이다. 재료비 정도만 받았기 때문에 재료비, 인건비, 스튜디오 렌트 비용을 제외하면 마이너스였지만 누군가에게 내가 가진 경험과 지식을 나눌 수 있다는 게 너무 행복했다. 회사 점심시간에는 미리 생성해 둔 꽃집 인스타그램 계정을 관리했고, 퇴근 후에는 클래스 준비로 바빴다.

그러던 중 '솜씨당'이라는 플랫폼을 접하게 됐다. 솜씨당은 강사가 자신의 클래스를 등록하면 수강을 원하는 누구나 즉시 결제하여 수업을 들을 수 있는 취미 플랫폼이다. 지인들을 대상으로 충분한 경험을 쌓은 나는 빼빼로데이를 앞두고 '플라워 박스 원데이 클래스'를 업로드했다. 그런데 놀라운 일이 일어났다. 10명이 넘는 수강생이 모인 것이다. 그 이후에는 크리스마스 시즌을 맞아 '크리스마스 리스 원데이 클래스'를 업로드했는데 KTH, 키움증권 직원분에게 연락이 와서 기업 강의를 진행할 수 있는 기회를 얻었다.

기업 강의를 준비할 때는 출근 전 새벽 일찍 꽃시장에 들러 구입한 꽃을 정신없이 손질해야 했는데, 자가용이 없었기 때문에 대중교통으로 꽃을 운반해야 했고, 수업 당일에는 재료가 든 무거운 박스를 들고 지하철을 갈아타며 행사장으로 가야 했다. 하지만 이상하게도 피곤함보다 설렘이 더 컸다.

회사 업무와 꽃 작업을 몇 개월간 병행하다 보니 얼굴은 퀭하고 손은 거칠어졌다. '이걸 언제까지 병행할 수 있을까?'라는 생각이 들 때쯤, 내 인생이 두 개로 나뉘어 있는 기분이 들었다. 그 순간 확신했다. 나는 더 이상 직장인이 아니라 이미 나만의 일을 하고 있는 사람이었다. 그동안 안정적인 수입을 포기하지 못하고 있던 나는 드디어 퇴사를 결심했다.

회사를 다니며 부업을 하는 건 결코 쉬운 일이 아니었다. 하지만 그 경험이 없었다면 창업을 준비할 생각도, 용기도 내지 못했을 것이다. 만약 당신도 직장을 다니며 부업이나 창업을 고민하고 있다면 한 가지만 기억하길 바란다. 퇴사보다 중요한 건 '준비'라는 것. 준비되지 않은 퇴사는 불안할 뿐이지만, 충분한 준비 후의 퇴사는 설레는 첫걸음이 될 수 있다. 그리고 그 준비는, 오늘 당신이 퇴근 후에 하는 작은 행동에서부터 시작된다.

직장인이 부업을 준비할 때 고려해야 할 5가지

1. 퇴사 전 반드시 시뮬레이션 하기

주말이나 퇴근 시간을 활용해 부업을 직접 운영해 보자. 실제로 사업을 시작했을 때 시간 관리, 체력, 업무 병행이 가능한지 테스트해야 한다.

2. 직장과 부업의 '경계선' 정하기

회사 업무에 지장이 없도록 근무 시간에는 부업 관련 일을 하지 않는다. 또한 개인 SNS, 이메일, 전화번호 등을 명확히 구분하는 것이 좋다.

3. 매출이 아닌 '수익' 계산하기

단순히 매출이 아닌 재료비, 인건비 등을 모두 제외한 순이익을 계산해야 한다. 창업 초기에는 '월급만큼 벌어야 퇴사한다'는 기준보다 '최소한 생활비는 확보되는 수준'을 목표로 삼는 것이 조금 더 현실적이다.

4. 지속 가능성 점검하기

당신이 하고자 하는 부업 아이템이 단기적 유행에 그치지 않고 장기적으로 지속할 수 있는 비즈니스인지 고민해야 한다. 내 시장, 타깃 고객층, 경쟁력 등을 확인해 10년 후에도 살아남을 수 있을지 생각해 보자.

5. 준비된 퇴사하기

최소 6개월~1년 정도 '퇴사를 준비하는 기간'을 설정하자. 당장 퇴사하는 것이 아니라 부업이 일정 수준 궤도에 오른 후 결정을 내리는 것이 안전하다.

난생처음 창업, 돈도 인맥도 없이 시작하다

창고도 없고, 수도조차 연결되어 있지 않은 16.5제곱미터(5평)의 작은 매장. 한쪽 벽에는 낡은 서랍장이 먼지를 뒤집어쓴 채 덩그러니 자리 잡고 있었고, 원래 전자담배 가게였던 터라 공기에는 희미하게 전자담배 특유의 냄새가 배어 있었다. 나는 이곳에서 새로운 시작을 꿈꾸고 있었다. 그러나 설레는 마음과는 달리 통장에는 500만 원도 없었다.

인테리어 비용을 아끼기 위해 친구와 함께 셀프로 페인트칠을 했다. 매장을 꾸미는 데 필요한 모든 소품은 '오늘의집'이라는 플랫폼에서 값싸게 구매했다. 꽃집이라 개수대와 수도 연결이 필요했는데 공간이 여의치 않아 벽에 구멍을 뚫어 수도꼭지만 겨우 하나 달았다. 이렇게 전기 및 설비 공사, 인테리어 비용에 들어간 총 금액은 약 270만 원. 돈이 없어 간판은 한 달 이상 설치를 못 하고 방치했더니 보다 못한 아버지가 간판 비용 100만 원을 지원해 주셨다. 그렇게 500만 원도 안되는 돈으로 나의 첫 매장을 열었다. 아버지는 걱정스러운 눈으로 "괜찮겠어?"라고 물었지만, 나는 말없이 고개를 끄덕였다. '이제 내 인생은 달라질 거야!'라는 생각으로 가슴이 뛰고 있었다.

매장을 처음 오픈한 건 2019년 12월이었는데 벽 한편에 달아놓은 작은 수도꼭지가 동파되어 화장실에서 물을 퍼 나른 날에도 행복하기 그지없었다. 왠지 나라는 존재가 점차 사라지는 느낌이던 직장 생활과는 다르게 나를 온전히 드러내며 주체적으로 일하는 1인 창업의 첫 경험이 낯설면서도 신선했기 때문에 매 순간이 즐거웠다.

6개월 정도 지났을까? 오지 않는 손님을 기다리는 날이 많아졌다. 활동적인 내가 하루 종일 한 마디도 하지 않고 가만히 앉아 있는 건 결코 쉬운 일이 아니었다. 하지만 창업 초기였기 때문에 쉽게 지치지는 않았다. 손님을 기다리는 일은 심심하고 힘들었지만 그래도 다시 한번 힘을 내어 온라인 마케팅을 한다든지, 매장을 정리하며 다음 시즌 아이템을 구상하기도 했다. 사실 순이익은 직장인 시절 월급에 훨씬 못 미치거나 마이너스였던 적도 있지만 '초보 사장'이라는 타이틀은 늘 새로운 아이디어와 도전의식을 자극하며 나를 설레게 만들었다.

창업 1년. 누구보다 일찍 일어나고, 누구보다 늦게 잠들었지만 성과는 좀처럼 눈에 띄지 않았다. 매출은 늘 제자리. 나는 점점 나 자신을 믿지 못하게 되었다. 결정적으로는, 내가 좋아서 시작한 이 업계의 현실이 생각보다 훨씬 거칠었다. 도소매 분리가 전혀 되지 않아 "시장에 가면 얼마에 팔던데, 여긴 왜 이렇게 비싸요?"라는 말을 수도 없이 들었고, 시즌마다 도매가는 3~4배씩 폭등했다. 노력하면 나아질 줄 알았던 현실이 오히려 나를 짓누르고 있었다.

'이렇게 해서 어떻게 살아남지?'

하루에도 몇 번씩 머릿속이 새까매졌다. 몸이 힘든 게 아니라 희망이 사라지는 기분이었다. 직장을 다닐 때에는 꽃집 창업만이 앞으로 내가 나아갈 인생의 방향성이라고 생각했는데 창업 1년 만에 틀렸다는 걸 깨닫자 눈앞이 캄캄해지며 다시 한번 방향성을 고민하게 되었다.

출퇴근길은 물론이고 손님을 기다리며 가만히 앉아 있는 시간 등 틈이 날 때마다 다른 아이템을 생각하기 시작했다. 하지만 회사를 다니며 배웠던 건 생화를 다루는 기술뿐이다 보니 전혀 다른 길을 선택할 용기가 없어 내가 가진 기술을 활용할 수 있는 일을 하고 싶었다. 긴 고민 끝에 2021년 3월, 생화와 함께 활용할 수 있는 보존화 기술을 배우기 시작했고, 2025년 2월 미국 샌프란시스코에 출강을 다녀오게 된다. 웨딩 플라워 디렉팅을 전문으로 하는 E'pume studio의 대표 Jenny에게 초청을 받아 해외 출강을 하게 된 것이다.

샌프란시스코행 비행기에 오르며 깨달았다. 그간의 시간들은 실패가 아니라 변화하기 위해 필요했던 시간이었다는 걸. 나는 틀린 길을 걸어온 게 아니라, 나만의 길을 만들고 있었던 것이다. 그리고 이제, 나는 더 큰 무대를 꿈꾸고 있다.

내 손으로 직접 만든 상품을 판다는 것

취미가 직업이 되면 어떨까? 지금도 생생하게 떠오르는 순간이 있다. 2019년 12월 24일 크리스마스이브, 매장 옆 아이스크림 가게에서 케이크를 구매한 젊은 남성분이 내 매장으로 들어왔다. 잠시 망설이더니 3만 원짜리 미니 꽃다발을 구매했다. 특별할 게 없어 보이지만 사실 그분은 나의 첫 손님이었다. 꽃을 배우기만 할 때는 절대 느낄 수 없던 신기하고 설레는 경험이었다.

'내가 만든 걸 사람들이 돈을 주고 구매한다고?'

기쁨과 설렘 그리고 묘한 책임감이 한꺼번에 밀려왔다. 내가 만든 제품이 누군가의 소중한 하루를 더욱 빛내줄 수 있다니! 이렇게 의미 있는 일이 또 있을까? 좋아하는 일로 돈도 벌고 성취감도 느낄 수 있다는 건 정말 행복한 일이었다.

하지만 취미가 직업이 됐을 때의 단점도 명확했다. 바로 순수한 즐거움이 사라진다는 것이다. 나는 직장에서 받은 스트레스를 해소하기 위해 주 1회 꽃을 배우기 시작했다. 매주 일요일 2시간씩 나에게 주는 선물 같은 시간이 어찌나 즐거웠는지. 하지만 창업을 하고 나니 꽃을 고를 때도 '내가 좋아하는 색감'이 아니라 '요즘 인기 있는 컬러인가?'부터 고민해야 했다. 감각적으로 꽃을 즐기는 순간보다 주문량과 단가를 먼저 따지는 시간이 많아지면서 내가 왜 이 일을 시작했는지 혼란스러워지곤 했다.

하루는 졸업식 꽃다발을 예약한 고객이 픽업을 하러 오셨다. 단가는 높지만 흔히 보기 어려운 수입 꽃을 사용했고, 서비스까지 넣어드렸기 때문에 당연히 좋아할 거라 기대했다. 그러나 고객님은 꽃다발을 보자마자 "이게 4만 원이나 해요?" 하며 기분 나쁜 표정으로 사진을 찍었고, 그날 이후 다시는 오지 않았다. 내가 하고 싶은 디자인과 고객이 원하는 디자인이 크게 다르다는 걸 깨닫자 예전만큼 순수한 즐거움만으로 꽃 작업을 할 수 없게 되었다.

많은 사람은 취미를 직업으로 삼는다면 행복할 것이라고 착각한다. 가보지 않은 길이기 때문에 기대를 안고 있는 것인데, 현실은 다르다. '하고 싶은 일' 안에서도 분명 '하기 싫은 일'은 존재한다. 당신이 손으로 무언가를 만드는 걸 너무 좋아해서 수공예 공방을 창업했다고 가정해 보자. 그토록 꿈꾸던 내 매장이 생겼으니 그걸로 끝일까? 그렇지 않다. 좋아하는 일이 좋아하는 일로 지속되려면 수익이 있어야 한다. 수익을 만들기 위해선 마케팅을 통해 사람을 모아야 하는데 이 과정이 매우 어렵고, 귀찮고, 힘들다. 누구나 하기 싫은 업무일 것이다.

취미를 직업으로 삼으려면 내가 잘하고, 하고 싶은 일만 열심히 하면 되는 게 아니라 하기 싫은 일까지 열심히 해야 한다. 처음엔 이런 과정들이 어렵고 힘들어도 조금만 지나면 이 일을 계속하는 이유가 생긴다. 가령 열심히 마케팅을 해서 판매한 상품이 고객에게 전달됐을 때 '너무 예뻐요! 선물 받는 분이 정말 좋아할 것 같아요.'라는 메시지를 받게 된다면 그동안 쌓인 피로가 한순간에 날아가는 기분을 느낄 수 있다.

이러한 경험들 덕분에 현재의 나는 단순히 '내가 좋아하는 것'이 아니라 '좋아하는 걸 꾸준히 지속할 수 있는 방법'을 고민하게 됐고 몇 가지 방법을 찾아냈다. 만약 당신도 과거의 나처럼 기대했던 로망과 현실의 괴리로 힘들어하고 있다면 다음의 5가지 방법을 살펴보고 적용해 보라.

좋아하는 일을 꾸준히 지속하는 5가지 방법

1. 취미와 직업의 경계를 구분하기

가끔은 '일'로서가 아니라 나만을 위한 작업 시간을 가져보자. 카페를 운영한다면 일주일에 한 번은 내 취향의 메뉴를 만들어 즐기는 식으로!

2. 비즈니스 마인드 강화하기

사업 운영에 필요한 마케팅·자금 관리를 배우자. 처음엔 힘들지만 익숙해지면 이것도 하나의 '내가 좋아하는 일'이 될 수 있다.

3. 고객과 나의 접점 찾기

내 스타일만 고집하는 게 정답이 아닐 수도 있다. 고객이 원하는 것과 내가 원하는 것의 '중간 지점'을 찾아 균형을 맞추자.

4. 고객과 감정을 교류하기

단순히 상품을 파는 것이 아니라 고객과 소통하며 의미를 찾자. 한번은 어떤 고객님이 '이 꽃다발을 받고 엄마가 정말 오랜만에 웃었어요.'라는 메시지를 보내주셨다. 단순한 판매 행위를 넘어 내가 만든 상품이 누군가의 마음을 움직일 수 있다는 걸 깨닫는 순간이었다. 결국 사업의 원동력은 관계에서 나온다는 걸 잊지 말자.

5. 지속 가능한 시스템 만들기

모든 걸 혼자 감당해야 하지 않도록 자동화 시스템을 구축하자. 네이버 예약 시스템 활용, 무인 운영 도입 등으로 불필요한 업무를 줄이면 더 중요한 일에 집중할 수 있다.

마지막으로 '꾸준함'을 기억하자. 좋아하는 일을 직업으로 만들었다면 그걸 지키는 것도 당신의 몫이다. 꾸준함이 성공을 만든다. 하지만 꾸준함은 억지로 버티는 것이 아니라 더 나은 방향을 찾아가는 과정에서 만들어진다.

일이 힘들 때, 지칠 때, 초심을 잃을 때 이 다섯 가지를 떠올려보자. 작은 변화가 쌓여 결국 '꾸준함'이 되고, 그 꾸준함이 당신의 꿈을 현실로 만들어줄 것이다.

나 대리에서 선생님이 된 순간

처음에는 꽃을 판매하는 게 전부라고 생각했다. 하지만 지인들을 대상으로 플라워 클래스를 시작했을 때, 내가 가진 기술을 나누는 것이 더 큰 기쁨이라는 걸 깨달았다. 그래서 나는 강사가 되기로 결심했다. 처음 강사로 나섰을 때에는 내 공간이 아닌 렌털 스튜디오에서 수업을 시작했다. 시간당 비용을 지불하며 수강생을 만났던 몇 개월은 설렘과 불안이 공존하는 시간이었다. 공간을 빌려 수업을 하면 월세 절감이 가능하고, 직장인도 부업으로 시작할 수 있다는 장점이 있다. 하지만 정해진 시간 동안만 이용할 수 있다 보니 시간에 쫓겨 수업을 진행하게 됐고, 사진을 촬영할 때 기물 이동, 인테리어 변경 등에 제한이 있어 늘 어려움이 뒤따랐다.

한번은 예약한 시간이 끝나기 30분 전, 수업에 한창 몰입 중인 수강생들에게 마무리를 안내해야 했다. 정해진 시간이 지나면 다음 예약자가 기다리고 있기 때문에 서둘러 정리해야 했다. 공간을 보다 효율적으로 활용하기 위해 수업 시간보다 2시간 일찍 가서 미리 정리해 두거나 촬영 포인트를 정해 놓고 빠르게 이동하며 촬영하기도 했다.

그럼에도 지속했던 이유는 나 대리가 아닌 강사로서 수업을 하며 강의를 기획하고 준비하는 방법, 수강생을 대하는 법 등을 배울 수 있었기 때문이다. 또한 다양한 공간에서 수업을 하며 공간 활용 능력이 자연스럽게 늘었다. 수업을 마친 후에는 항상 수강생들에게 피드백을 요청하여 강의를 보완해 나갔다. 예를 들어 강의 시간을 조정한다든지, 선호도가 높은 작품을 반영해 다음 클래스를 구성하는 식이었다. 이러한 경험들은 이후 기업 강의를 나가고, 창업 컨설팅을 론칭하는 데에도 큰 도움이 되었다.

6개월 후, 드디어 내가 꾸민 나의 공간이 생겼다. 뭐든 할 수 있을 것만 같던, 침대에 누워서도 다음 날 출근할 생각에 가슴이 떨리던 그때의 감정을 잊지 못한다. 지난 6개월간 원데이 클래스로 경험을 쌓은 나는 매장을 오픈함과 동시에 클래스 모집을 시작했다. 그때는 별다른 마케팅 방법을 알지 못했기에 인스타그램과 블로그를 통해 어떤 수업을 운영하는지 열심히 알렸다.

당시에는 그 동네에서 원데이 클래스를 운영하는 다른 꽃집이 없었기 때문에 주민들의 반응이 뜨거웠다. 처음으로 내 공간에서 수업을 연다는 사실에 가슴이 두근거렸다. 수업 당일, 꽃과 재료들을 준비하는 내내 새어 나오는 웃음을 참을 수 없었다. 수강생이 자리 잡고 꽃을 만지기 시작하는 순간, 마치 내 꿈이 현실에서 이루어진 것만 같았다. 나의 이런 기분이 수강생에게도 전해졌는지 수업이 끝날 때까지 모두의 얼굴에서 웃음이 떠나지 않았다. 또한 수업이 끝나고 수강생들이 스스로 완성한 작품을 여유롭게 촬영하는 모습을 보며 깨달았다. 공간이 주는 안정감과 자유가 수업의 질까지 바꿀 수 있다는 걸.

지금도 강사로 활동하고 있는 나는, 여전히 다른 사람에게 내가 가진 것을 나눠주는 일이 즐겁다. 예전에는 수업을 진행하는 것만으로도 벅찼지만, 이제는 어떻게 하면 더 의미 있는 경험을 줄 수 있을지를 고민한다. 수업을 진행할수록 느끼는 점은 강사에게 필요한 건 단순히 '실력'만이 아니라 '수업 운영 능력'이라는 점이다. 첫 수업을 준비하는 과정은 특히 더 중요하다. 필요한 교재를 제작하고, 샘플 작품을 만들어 포트폴리오를 업로드해야 한다. 전체 수업의 구성을 어떻게 짤 것인지, 각 커리큘럼별 시간은 어떻게 배분할 것인지, 수강생 응대 및 후속 관리는 어떤 식으로 진행할 것인지도 미리 기획해야 한다. 특히 온라인 시장이 발달한 요즘 시대의 강사는 수업만 잘해서는 안 된다. 콘텐츠 기획부터 영상 편집, 강의 홍보까지 직접 해야 하기 때문에 그야말로 1인 크리에이터가 돼야 한다.

강사로서 첫 발걸음을 떼기 어렵다면 먼저 아래 7가지를 체크하고, 순서대로 세팅해 보자.

1. 수업 기획: 커리큘럼 구성, 강의 목표 및 타깃 설정
2. 준비물 체크: 샘플 작품, 교재 제작, 수강생용 재료 준비
3. 공간 활용: 동선을 고려하여 수업 테이블, 포토존 세팅
4. 시간 관리: 강의 진행 시간 배분, 예상 질문 대비
5. 마케팅 준비: 주력 SNS 설정 및 운영, 콘텐츠 기획, 포트폴리오 업로드
6. 콘텐츠 제작: 사진·영상 촬영 및 편집, 소비자 반응 분석
7. 수강생 응대: 질의응답, 후기 관리, 지속적인 소통을 위한 커뮤니티 활성화

강사가 된다는 건 단순히 가르치는 일이 아니라 나의 철학과 감각을 공유하는 과정이다. 작은 공간, 적은 인원으로 시작하더

라도 내가 만들어가는 수업의 가치는 달라지지 않는다. 시작이 어렵게 느껴진다면 작은 목표부터 달성하는 연습을 해보자. 그 것만으로도 충분히 의미 있는 시작이 될 것이다.

아무도 알려주지 않은 불편한 진실

일반적인 꽃집 창업 교육에서는 꽃을 어떻게 예쁘게 디자인하는지, 완성된 작품은 어떻게 포장하는지, 부자재는 어디에서 구매하는지 등 매장을 운영하는 데 필요한 실질적인 정보들을 알려준다. 하지만 가장 중요한 한 가지가 빠져 있다. 이 한 가지를 알고 시작하는 것과 모르고 시작하는 건 하늘과 땅 차이인데 말이다. 이 한 가지는 바로 '업계의 단점'인데, 나 역시 이런 단점들에 대해 명확히 인지하고 시작하지 못했다. 누군가 나에게 이런 것들을 미리 알려줬더라면 '곧 내게 닥칠 위기'에 대한 대비를 더욱 탄탄하게 할 수 있지 않았을까 생각한다.

당신이 적은 자본으로 브랜드를 창업하고자 한다면 아래 3가지를 꼭 체크해 보길 바란다. 내가 느낀 화훼 업계의 단점들이지만 이것은 꼭 화훼 업계에만 해당되지는 않는다.

시장성

1년 정도 꽃집을 운영해 보니 화훼 업계의 미래가 밝아 보이지는 않았다. 재밌는 건 네이버에서 화훼 소비액에 대한 기사를 검색했을 때 1인당 소비액이 증가하고 있다는 점이다. 그런데도 왜 작은 꽃집들은 돈을 벌지 못하는 걸까? 답은 간단하다. 돈 버는 사람은 따로 있기 때문이다. 바로 도매업자나 많은 자본을 안고 이 업계에 뛰어드는 기업들이다.

요즘 카카오톡 선물하기, 배달의민족을 통해서도 생화를 주문할 수 있다는 사실을 알고 있는가? 심지어 온라인으로 쉽게 꽃을 구매할 수 있는 '꾸까(Kukka)'에서는 이미 일반 대중을 넘어 기업 고객까지 편리하게 이용할 수 있는 비즈몰 서비스를 운영 중이고 토스, 롯데, 네이버 등 다양한 기업이 이 서비스를 이용하고 있다. 이렇게 시스템을 갖춘 기업들과 경쟁해야 하니 작은 꽃집은 더 이상 큰돈을 벌 수 없는 구조가 되었다는 걸 직감했다. 시스템을 갖추는 데 공간적·시간적·금전적인 한계가 있기 때문이다.

꽃집은 카페나 음식점처럼 생활 필수품이 아니기 때문에 큰 기업이 독과점을 하면 그대로 수요를 뺏겨 지속적인 성장이 어려운 시장이라는 걸 창업 1년 정도 지났을 때 깨달았다. 그나마

사업 초기에 문제를 발견하긴 했지만 해결 방안까지는 생각하지 못했는데, 그때로 돌아간다면 이런 전략을 세웠을 것이다.

시장성이 좋지 않을 때에는 기존의 한계를 극복하거나 새로운 수요를 창출해 낼 수 있는 전략이 필요하다. 향수를 예로 들자면, 당신이 '향수'를 생각했을 때 떠오르는 브랜드가 있는가? 아마 대부분의 사람은 조말론, 샤넬 등 세계적인 기업을 가장 먼저 떠올릴 것이다. 하지만 이렇게 큰 기업이더라도 모든 소비자를 만족시킬 수는 없다. 분명 그들의 상품이나 서비스에 불만을 갖고 있는 소비자가 있을 것이다.

작은 기업은 이런 소비자들을 만족시킬 수 있는 아이템을 개발해서 틈새시장을 공략해야 한다. 누구나 사용하는 대중적인 향이 아니라 고객 취향에 맞춘 커스터마이징 향수를 제공한다든지, 직접 원하는 향을 만들 수 있는 조향 클래스를 통해 소비자 만족도를 더욱 높일 수도 있을 것이다. 이런 전략을 활용하면 대중적 수요는 적을 수 있지만 특정 소비자를 공략함으로써 작은 시장을 확실하게 잡을 수 있는 브랜드 파워를 얻게 된다.

유통 구조

꽃집을 운영할 때 가장 많은 스트레스를 안겨주었던 부분이 바로 유통 구조였다. 한국의 꽃 도매 시장은 전 세계에서 거의 유일하게 누구에게나 열려 있다. 일반인도 꽃집을 운영하는 사업자와 동일한 금액, 혹은 더 저렴한 금액으로 생화와 모든 부자재를 구매할 수 있다는 의미다. 사정이 이렇다 보니 나의 꽃집을 찾아온 고객들 중 "꽃 시장 많이 다녀봐서 아는데 여긴 왜 이렇게 비싸게 팔아요?"라고 이야기하며 가격 흥정을 시도하는 경우가 적지 않았다.

이러한 유통 구조의 단점을 장점으로 승화하기 위해서는 어떤 제품이 소비자에게 전달되기까지의 경로와 각 단계에서 누가 주요 역할을 담당하는지 파악하는 게 중요하다. 생산자로부터 최종 소비자에게 전달되기까지 어떤 단계들이 있는지, 각 단계에서 발생하는 비용 구조는 어떤지 등을 분석한다면 그 안에서 내가 어떤 경쟁력을 가질 수 있을지 고민해 볼 수 있고, 그에 따른 다양한 전략이 떠오를 것이다.

최근 내가 시도했던 MOU 협약을 사례로 들 수 있는데, 화훼 농가와 직접 협약을 맺어 농장에서 갓 수확한 싱싱한 생화를 집에서 편안하게 받아볼 수 있도록 수강생들에게 혜택을 제공하였다. 상품 제작 연습을 위해선 많은 양의 생화가 필요했기 때문이다. 이러한 협약을 통해 타 브랜드가 따라 할 수 없는 나만의 경쟁력을 갖추게 되었다.

모래성 게임

어린 시절에 해변이나 놀이터에서 모래성을 쌓고 순서대로 조금씩 파내는 게임을 해본 적이 있는가? 나는 화훼 업계를 보며 이 모래성 게임이 생각났다. 수요는 정해져 있는데 무수히 많은 업체가 똑같은 상품을 판매하며 경쟁을 하고 있었던 것이다. 이 모래성 게임은 우리 주변에서 흔히 볼 수 있다.

내가 처음 창업했던 동네인 서울 홍제동을 예로 들자면, 당시만 해도 홍제동에는 오래된 꽃집이 2~3군데밖에 없었고 내가 하고자 하는 스타일과도 많이 달라서 '이 정도면 내가 경쟁력을 갖출 수 있겠다.'라는 생각으로 창업을 했는데 1년 정도 지났을까? 내가 운영하는 꽃집과 비슷한 스타일의 꽃집이 3곳 더 생겨났다. 그 후에도 다른 꽃집이 지속적으로 오픈하여, 번화가도 아니고 거주민의 연령대가 높은 이 동네에는 현재 10곳이 넘는 꽃집이 있다. 결국 가격 경쟁으로 이어질 수밖에 없는 것이다.

이러한 문제는 번화가로 가면 더 심각해진다. 네이버에 '여의도 꽃집'을 검색하면 70개가 넘는 꽃집이 있다는 걸 쉽게 확인할 수 있다. 그런데 더 큰 문제는 100m도 안 되는 거리, 혹은 같은 건물에 여러 개의 꽃집이 있는 경우가 많다는 거다. 당신은 꽃집에서 1년에 몇 번이나 꽃다발이나 화분을 구매하는가? 1인 꽃집은 매년 늘어나고 있는 데 비해 꽃집을 찾는 소비자는 줄고 있다. 그런데 많은 사업자가 현실보다는 이상을 꿈꾸며 지금 이 순간에도 창업을 강행한다.

요즘에는 많은 업종이 오프라인에서 온라인 시장으로 이동을 하고 있다. 온라인 경쟁력을 갖춰야 하는 시대가 된 것이다. 꽃집도 이를 피해 갈 순 없다. 작은 꽃집이 온라인 시장에 진입하기 위해서는 정확한 타깃 고객층을 공략한 맞춤 상품이 필요하다. 내 수강생 중에는 꽃집과 부케 말리기를 병행하는 분들이 있는데, 생화 상품은 오프라인 매장과 무인 자판기를 통해 수익을 창출하고 부케 말리기 상품은 인스타그램 마케팅을 통해 고객을 모으고 있다. 이보다 더 많은 파이프라인을 만들어내는 사례도 있다. 대전에서 플라워 숍 '피어나리'를 운영하고 있는 지성해 대표가 그 예다.

피어나리는 일반적인 꽃집뿐 아니라 전국 출장을 다니며 공간 장식도 전문으로 진행하고 있다. 예를 들어 호텔 프러포즈, 상업 공간의 크리스마스트리 세팅 등이 있다. 모든 포트폴리오와 시즌에 맞는 다양한 이벤트를 인스타그램과 블로그를 통해 확인할 수 있기 때문에 더 많은 신규 고객을 모을 수 있게 된 것이다.

나 또한 인스타그램, 유튜브, 틱톡 등을 통해 SNS 마케팅을 진행하며 판매 외에도 교육, 해외 출강, 브랜드 협업 등 다양한 수익을 만들어내고 있다. 이처럼 하나의 모래성만 갖고 경쟁하기보다는 온라인상의 여러 채널과 그에 맞는 전략을 갖춘다면 다양한 수익 파이프라인을 창출해 낼 수 있을 것이다.

정글과도 같은 시장에서 작은 브랜드로 성공할 수 있는 길은 이러한 문제점을 명확히 인지하고 그에 대한 해결 방안을 미리 고민하는 것에서부터 시작된다. 창업을 하기 위한 도전의 길은 결코 쉽지 않지만 준비된 자에게는 항상 기회가 열릴 것이다.

나를 기다리고 있는 많은 기회를 잡고 싶다면 아래 3가지를 점검해 보길 바란다.

1. 진입하고자 하는 시장에서 나는 어떤 경쟁력을 갖출 것인가?
2. 어떤 형태의 협업을 통해 내 브랜드를 더욱 확장해 나갈 것인가?
3. 온라인 고객을 겨냥한 맞춤 서비스, 상품에는 어떤 것이 있는가?

퇴사를 가장 후회했던 순간

돈이 벌리기는커녕 예금 잔고는 바닥을 보이고, 무거운 마음으로 퇴근을 하면 아버지는 종종 "많이 팔았어?"라는 질문을 했다. 위축되어 대답하지 못한 날이 더 많았다. 매출이 0원인 날도 많았기 때문이다. 가까운 사람들의 이런 반응은 스스로에게도 '정말 무모한 선택을 한 걸까?'라는 의심이 들게 만들었다. "차라리 내가 만드는 게 더 예쁘겠다."라는 클레임 전화를 받았을 때는 속이 싸늘해졌다. 좋아하실 고객의 모습을 상상하며 새벽부터 꽃시장에 다녀와 만든 결과물이었는데, 그 한마디로 가치가 사라지는 것만 같았다.

'내가 뭘 위해 이런 고생을 하나?' 싶은 생각이 들면서 '그냥 직장에 계속 다닐 걸……' 하는 후회가 밀려오는 순간이었다. 직장을 다닐 때도 '이 길이 맞을까?'라는 고민을 했고 그래서 결국 창업을 선택했지만, 다시 그 질문이 돌아온 것이다.

주체적인 삶을 살 수 있을 거라는 기대감과는 달리 창업 초기의 현실은 냉정했다. 직장을 다닐 때에는 매월 안정적으로 월급이 들어왔지만 창업을 하고 나니 내 수입을 내가 책임져야 했다. 심지어 직장처럼 유급 휴가, 주휴 수당, 퇴직금이 있는 게 아니었다. 또한 직장에서는 부서가 나뉘어 있어 각자 맡은 업무만 열심히 하면 됐지만 사장은 상품 기획, 마케팅, 고객 응대, 재고 관리, 포장까지 혼자 해야 했다.

왜 창업 전에는 이런 것들이 보이지 않았을까? 내가 특히 어려웠던 건, 혼자서 모든 결정을 해야 한다는 것이었다. 그때만 해도 내게는 멘토가 없었기 때문에 조언을 구할 곳이 없어 하나부터 열까지 스스로 생각하고 결정해야 했다. 그에 대한 책임까지 짊어져야 한다는 게 나에게는 가장 무겁게 다가왔다. 창업은 자유롭지만, 그 자유의 대가는 끝없는 책임이었던 것이다.

그럼에도 불구하고 나는 "다시 그때로 돌아가도 창업을 할 거예요."라고 이야기한다. 가장 큰 이유는 성취감 때문인데, 모든 걸 혼자 결정해야 하지만 그만큼 내가 만든 결과물이 눈앞에 보인다는 점이 직장 생활과는 달랐다. 성과가 좋지 않은 경우에는 책임이 뒤따르기도 했지만 그것을 보완하고 개선해 나가는 과정마저 즐거웠다.

또 다른 이유로는 내 브랜드를 만들고 있다는 자부심이 느껴진다는 것이다. 직장 생활에서는 아무리 열심히 일해도 '내 것'이라는 생각이 들지 않았는데 창업을 하니 새벽까지 일하는 날에도 '결국 이 모든 건 내 것, 내 브랜드를 위한 일'이라는 생각 때문에 모든 고생이 보람으로 다가왔다.

마지막 이유는 고객들과의 연결이다. 내 작품을, 내 수업을 좋아해 주는 고객이 있다는 게 사장의 가장 큰 행복 아닐까? 어느 날 한 수강생이 '선생님을 만나면서 꿈도 꾸지 못했고 나는 할 수 없을 거라고만 생각하던 일들을 하나씩 이뤄가게 되었어요. 무료했고 막막했던 제 삶에 이런 변화를 일렁이게 해주셔서 정말 감사합니다.'라는 메시지를 보냈다. 그때 내 마음도 뜨거워지면서 내가 하는 일이 정말 의미 있다는 걸 실감할 수 있었다.

직장을 다닐 때에는 어떠한 문제를 마주하면 책임을 회피하고 싶은 마음이 가장 먼저 들었다. 하지만 창업을 한 지금은 문제를 피하는 대신 해결할 방법을 먼저 찾는 사람이 되었다. 그 변화만으로도 창업을 택할 이유는 충분하지 않을까.

여전히 직장에 다니고 있었다면 창업하지 않은 걸 후회하는 순간이 많았을 것이다. 내 손으로 의미 있는 작품을 만들고, 과거의 나와 같은 사람들이 많은 시행착오를 겪지 않게 도와주는 일은, 적어도 지금 내게 가장 의미 있는 일이다. 창업이 모두에게 맞는 길은 아니지만, 나는 이 길을 선택했다. 그리고 여전히 더 좋은 답을 찾아가는 중이다.

만약 당신이 창업을 고민하고 있다면 스스로에게 다시 한번 물어보자.

'내가 원하는 삶은 무엇인가?'

그 답이 명확하다면 더 이상 망설이지 않아도 된다.

창업 초기, 불안해하던 그 시절의 나에게 해주고 싶은 말

내 인생이 달라질 거라는 기대감 하나로 창업한 지 1년도 되지 않은 시점, 나는 매일 불안했다. '내가 사업가로서 자질이 있기는 한 걸까?'라는 의심이 들었다. 지금 내 수강생들을 봐도, 처음 창업을 하려고 하거나 갓 시작했다면 '이 길이 맞을까?', '내가 할 수 있을까?'라는 자기 의심과 고민을 누구나 갖고 있다. 하지만 그런 부정적인 감정들과 어려운 상황들을 지혜롭게 극복해 나갈 수 있는 방법을 안다면 안정감, 성취감이라는 감정이 피어오른다.

대부분의 초보 사장이 어려워하는 것은 창업 초기에 내 제품을 알리는 것이다. 과거의 나 역시 뭐부터 해야 할지 알지 못했다. 내가 할 수 있는 일이라곤 하루도 빠짐없이 SNS에 포트폴리오를 올리는 것이었다. 특히 블로그는 6개월간 매일 업로드했는데 태어나서 단 한 번도 블로그를 해본 적이 없던 나는 이 시간이 가장 곤혹스러웠다. 고객이 없다고 손을 놔버리면 영원히 없을 거라는 걸 알았기 때문에 힘들어도 내가 할 수 있는 일을 꾸준히 했다.

초기에는 이렇게 매일 올리기만 하면 고객이 찾아올 줄 알았다. 하지만 한 달 동안 변화가 없었고, 그때 깨달았다. '내가 하고 싶은 이야기만 하면서 고객이 찾아오기를 기다리는 게 아니라, 고객이 듣고 싶어 하는 이야기가 뭔지 고민해 봐야겠다.'

이후부터는 고객이 갖고 있는 문제점을 해결해 줄 수 있는 내용의 글을 쓰고, 고객이 필요로 하는 정보를 제공하기 시작했다. 그제야 SNS를 보고 찾아오는 고객이 생겨났다.

고객이 한 번에 몰렸다가 갑자기 매출이 뚝 끊기는 일도 많았다. 이런 문제를 해결하고자 동네 꽃집 중에서는 최초로 쿠폰 시스템을 도입했고, 쿠폰에 도장이 3회, 5회, 10회 적립될 때마다 다른 혜택들을 제공했다.

할인, 상품 추가 증정 등 한 번의 프로모션으로 매출을 올리는 건 쉬웠지만, 그게 반복될 때마다 불안했다. 언제까지 할인만 할 수는 없는 노릇이니 말이다. 그래서 매출을 꾸준히 유지할 수 있는 시스템을 만들기로 했다. 먼저 경쟁 업체들에 없는 서비스가 무엇인지 분석했다. 그리고 나의 고객 데이터, 동네 주민들의 연령대를 분석해서 생화 구독 서비스를 만들었다.

론칭 전, 온라인에서 같은 서비스를 활발하게 운영 중인 업체들의 방식을 모두 체크하여 그것을 나에게 최적화하는 작업을 선행했다. 그렇게 구독 서비스를 론칭했더니 가장 재구매율이 높은 고객층에서 반응이 왔다. 그때부터는 프로모션 없이도 매달 안정적인 매출을 만들어낼 수 있었다.

또 한 가지, 초보 사장이 힘들어하는 부분은 바로 클레임이다. 나도 초반에는 클레임을 받으면 큰 스트레스로 다가왔다. 하지만 점점 고객의 불만이 제품이나 서비스의 약점을 알려주는 신호라는 걸 깨달았다. 그래서 이후부터는 고객의 불만을 '문제 제기'가 아니라 '개선의 기회'라고 생각하고 접근했다.

한번은 은은한 색감의 꽃다발을 주문한 고객의 요구에 맞춰 상품을 제작해 전달했는데 "술에 물 탄 것도 아니고 이게 뭐냐?"는 연락을 받았다. 너무 은은하다며 클레임을 건 것이다. 이때 나는 단순히 사과하는 게 아니라, 똑같은 표현을 두고도 고객과 내가 생각하는 관점이 다를 수 있다는 걸 인정하고 받아들였다.

그 뒤부터 모호한 표현을 사용하기보다는 정확한 컬러로 이야기하고, 레퍼런스 사진을 꼭 보내 고객의 요구를 확실히 파악했다. 결과적으로 이후의 고객 만족도는 더 높아졌고, 나도 더 이상 클레임을 두려워하지 않게 되었다.

  창업을 하기 위해서는 사장으로서 마인드셋이 반드시 필요하다. 불안을 떨쳐내고, 앞으로 나아가기 위한 태도를 갖춰야 하기 때문이다.

  당신은 현재 창업을 준비하고 있는가? 아니면 이미 시작했지만 불안한가? 그렇다면 다음 3가지를 기억하자.

1. 고객보다 먼저 내 일을 사랑하라.
내가 내 제품과 서비스를 믿지 않으면 아무도 믿어주지 않는다. 고객보다 사장인 내가 먼저 내 브랜드의 팬이 되어야 한다.

2. 완벽하려고 하지 말고 먼저 실행하라.
이 세상에 100% 완벽은 없다. 사업은 책상에서 계획한다고 되는 것이 아니다. 완벽한 준비보다 먼저 작은 행동을 시작하는 게 훨씬 더 중요하다.

3. 실패를 성장의 일부로 받아들이라.
성공만 하는 사업은 이 세상에 없다. 실패는 반드시 따라온다. 하지만 그것을 경험으로 바꿀 수 있는 사람이 결국 살아남는다.

"기회는 버스와 같다. 지금 놓쳐도 또 다른 기회가 반드시 온다."

영국의 글로벌 기업 '버진그룹'을 창립한 세계적인 기업가 리처드 브랜슨은, 이 말을 통해 기회는 놓쳐도 다시 찾아온다는 점을 강조했다. 하지만 아무리 많은 기회가 온다 해도 잡을 준비가 되어 있지 않다면 아무 소용이 없다.

당신은 그 버스를 잡을 기회를 준비해 놓고 있는가? 만약 당신이 오늘 시작하지 않는다면, 언젠가를 기다리는 동안 수많은 기회를 놓칠지도 모른다.

새로운 도전을 고민하고 있다면 가장 두려워해야 할 건 실패가 아니다. 시도조차 하지 않고 기회를 흘려보내는 것이다. 망설이지 말고 첫걸음을 내딛어라.

PART 2

1인 사업도 기업이 될 수 있다
S.O.L.I.D 성장 공식

공방에 대한 오해와 편견

'공방은 돈이 안 된다.'고 생각하는 사람이 많다. 하지만 그건 '돈이 안 되는 방식으로 운영할 때'의 이야기다. 1인 브랜드도 전략적으로 성장하면 단단한 비즈니스가 될 수 있다.

내가 꽃집을 창업한다고 했을 때 가장 많이 들은 말이 있다. "그게 돈이 될까?", "예쁜 거 만들면서 취미처럼 일할 거 아니면 하지 마. 돈 벌기 힘들어."

나도 처음엔 불안했다. '과연 꽃집을 운영해서 생계를 유지할 만큼 벌 수 있을까?' 하지만 생화에서 리부케로 방향성을 전환한 지금은 단언할 수 있다. '공방은 돈이 안 되는 게 아니다. 돈이 안 되는 방식으로 운영하면 안 되는 것이다.'

실제로 월 1,000만 원 이상을 버는 공방도 있다. 내가 아는 한 공방은 상품 판매와 체험형 클래스로 시작했지만, 현재는 무인 매장 운영, 정기 구독 서비스 도입, 단계별 클래스 운영 등을 통해 매출 경로를 크게 확장했다. 결국 중요한 건 어떤 방식으로 운영하느냐의 문제다.

사람들이 흔히 '공방은 돈이 안 된다.'라고 오해하는 이유는, 대부분 '판매'에만 초점을 맞추기 때문이다. 수공예 공방은 재료 준비부터 상품 제작까지 사장인 내가 혼자 다 해야 한다. 일반 소비자를 대상으로 한 개씩 판매하는 방식은 제작할 수 있는 개수가 한정되어 있기 때문에 많은 수익을 내기 어렵다. 또한 '공방=체험 공간'이라는 인식 때문에 고객이 한 번 오고 끝나는 경우가 많고, 지역 기반으로 운영하다 보니 입소문에 의존하는 경우가 많다. 온라인 마케팅을 병행하지 않으면 고객 확보가 어려운 것이다.

그렇다면 공방은 어떻게 돈을 벌어야 할까? 알고 보면 공방에는 판매 외에도 다양한 수익 모델이 있다. 정기 구독형 클래스를 운영해 장기 고객을 확보할 수 있고, 기업 강의, 온라인 강의와 같은 형태로 확장할 수도 있다. 클래스와 연계할 수 있는 키트 상품을 함께 판매하면 제품 판매만으로 수익을 내는 것보다 훨씬 안정적이다. 플리마켓 참여, 타 브랜드와의 협업, 공간 대여 등을 활용해 추가적인 수익을 창출할 수도 있다.

공방을 지속 가능한 비즈니스로 운영하려면 단순히 판매만 하는 것이 아니라 '브랜드'로 성장시켜야 한다. 공방을 브랜드화하면 고객이 단순히 한 번 경험하고 끝나는 것이 아니라 내 브랜드의 팬이 되어 지속적으로 찾아오게 될 것이다.

나는 오랫동안 공방을 운영하면서 혼자서도 지속적으로 성장할 수 있는 방법을 고민했다. 단순히 예쁜 작품을 만들어 파는 것을 넘어 어떻게 하면 '비즈니스'로 자리매김할 수 있을까 고민했다. 그 과정에서 깨달은 것은 공방도 전략적으로 운영하면 기업처럼 성장할 수 있다는 사실이었다.

단순한 상품 판매에서 벗어나 브랜드를 구축하고, 기회를 만들고, 수익 모델을 확장하고, 감성적인 브랜드 경험을 제공하고, 차별화된 시장을 개척하는 것. 나는 이 모든 과정을 정리하며 공방이 성장하는 공식적인 방법론을 찾았고, 이를 'S.O.L.I.D 성장 공식'이라고 부르기로 했다.

S.O.L.I.D 모델은 1인 브랜드가 기업처럼 성장하는 5단계 과정을 의미한다.

1단계. S(Structure): 브랜드의 기반을 다진다.
2단계. O(Opportunity): 다양한 기회를 창출한다.

3단계. L(Leverage): 수익 모델을 확장한다.

4단계. I(Impact): 고객과 감정적으로 연결된다.

5단계. D(Dominate): 차별화 전략으로 시장을 장악한다.

이 모델은 단순한 이론이 아니다. 나는 이 공식을 바탕으로 브랜드를 성장시켰고, 이를 적용한 여러 공방과 브랜드가 실제로 높은 수익을 내고 있다. 이제부터 S.O.L.I.D 성장 공식을 바탕으로, 공방을 '기업처럼 운영하는 방법'을 하나씩 알아보자.

1단계. Structure: 브랜드 기반 다지기(1)
- 시장이 반이다

좋은 아이템이 있다면 무조건 성공할 수 있을까? 그렇지 않다. 실제로 많은 브랜드가 뛰어난 제품을 가졌음에도 불구하고 시장을 잘못 선택해서 실패했다. 예를 들어 세계적 기업인 월마트는 1998년 한국 시장에 진출하였지만 당시 한국 실정과 맞지 않는 점포 특징, 판매 전략 등으로 인해 2005년 100억 원에 가까운 적자를 기록하면서 2006년 5월 한국에서 철수했다.

이와 반대로 시장을 잘 선택한다면 빠르게 성장할 수 있다. 다이소는 처음부터 '가성비와 일상 소비'를 중요하게 여기는 한국 소비자의 특성에 맞춰 소형 매장 중심, 생활 밀착형 상품 구성, 저렴하지만 실용적인 아이템으로 포지셔닝했다. 그 결과 '균일가 생활용품점'이라는 명확한 인식을 만들며, 단순한 유통 채널이 아닌 '국민 생활 브랜드'로 자리매김했다.

많은 브랜드가 아이템에만 집중하지만 실제로 사업의 성패를 가르는 것은 '무엇을 파느냐'가 아니라 '누구에게 파느냐'이다. 같은 아이템이라도 시장이 다르면 결과는 극과 극으로 나뉜다. 시장을 잘못 타기팅하면 아무리 좋은 제품도 실패하는 것이다. 반면 아이템과 안성맞춤인 시장을 찾으면 경쟁이 많아도 살아남을 수 있다. 그렇다면 내 아이템을 가장 필요로 하는 시장은 어디일까?

수요와 공급이 많은 시장은 이미 소비자에게 인식이 잘 잡혀 있어 비교적 진입하기 쉽다. 하지만 그만큼 경쟁이 치열하기 때문에 내 브랜드가 자리 잡기 위해선 많은 시간과 비용이 발생한다. 경쟁이 심한 시장에 무작정 뛰어들면 차별화가 매우 어렵다. 시장 조사를 하지 않고 인기 있는 카테고리에 진입했을 때 발생하는 문제다.

적은 비용으로 진입할 수 있는 시장을 찾는 초보 사장이라면 수요와 공급이 많지 않은 시장이 좋다. 이 경우 소비자들의 인식이 잘 잡혀 있지 않아서 내 아이템이 무엇인지 알리는 기간이 필요할 수 있지만 그만큼 모르는 사람이 많다는 의미이기 때문에 성장 가능성이 매우 크고, 차별화 포인트를 찾기 수월하다.

이런 시장을 찾는 가장 좋은 방법은 기존 시장을 세분화하는 것이다. 예를 들어 당신이 네일 숍을 창업한다고 가정해 보자.

'네일'이라는 시장을 단순히 따라가는 것이 아니라 웨딩 네일, 캐릭터 네일 등 특화된 영역을 공략하면 경쟁이 적고 수익성이 높아질 수 있다. 특화된 시장에서는 소비자가 기꺼이 더 높은 가치를 지불하려 하기 때문이다. 만약 웨딩 네일을 주력으로 결정했다면 그 안에서 다시 한번 아이템을 세분화해야 한다. 집에서도 쉽게 따라 할 수 있는 웨딩 네일 DIY를 저렴한 금액으로 온라인 판매를 할 것인지, 예비 신부를 대상으로 고가의 프리미엄 웨딩 네일 서비스를 제공할 것인지 결정할 수 있다. 중요한 건 구매력이 있는 시장을 찾아야 한다는 것이다.

내 아이템에 맞는 시장을 찾는 것만으로도 사업의 매출이 크게 달라진다. 다음은 실제 오프라인 카페를 운영한 내 지인들의 이야기다.

A는 소규모 프랜차이즈 카페를 오픈했다. 정해진 레시피, 정해진 메뉴대로 늘 변함없는 맛과 서비스를 제공하는 카페였다. 처음엔 장사가 잘되었지만 주변에 경쟁 업체가 많이 생겨나면서 소비자들의 이탈이 크게 늘었다. 이 카페만의 차별점이 없었기 때문이다.

B는 배달 전문 개인 카페를 오픈했다. 작은 회사가 많은 동네 상권에서 저렴한 대용량 커피를 판매하기 시작한 것이다. 처음

부터 반응은 폭발적이었다. 이후에는 간단한 샌드위치, 디저트 메뉴를 개발해 배달 품목에 추가했는데 직장인들이 커피와 함께 주문하면서 매출은 껑충 뛰었다. 개인 카페이다 보니 상황에 맞춰 메뉴 개발, 레시피 변경이 가능했기 때문에 고객들의 피드백을 반영하기에 한층 더 수월했던 것이다. 현재는 이 상권의 직장인들이 퇴근 후 들를 수 있는 저렴한 호프를 함께 운영하며 사업을 확장했다. 시장 선택이 사업의 방향을 결정한 사례이다.

그렇다면 내 아이템에 맞는 시장을 찾는 방법에 대해 알아보자. 다음 3가지 질문만 분석해도 성공 확률이 높은 시장을 선택할 수 있을 것이다.

1. 소비가 활발하게 이루어지고 있는 시장인가?
2. 이 시장에서 나는 어떤 차별성을 가질 수 있는가?
3. 일시적 유행이 아니라 장기적으로 지속될 수 있는 시장인가?

아이템이 아무리 좋아도 시장을 잘못 선택하면 실패할 수밖에 없다. 하지만 시장을 잘 선정하면 아이템이 완벽하지 않아도 살아남을 수 있다. 지금 반짝 유행하는 시장이 아니라 규모는 작더라도 지속 가능성이 있는 시장을 찾아야 한다. 사업의 50%는 시장에서 결정된다. 시장이 반이다.

내 시장을 타기팅 하는 데 성공했다면 더 중요한 단계가 남아 있다. 바로 내 물건을 구매해 줄 소비자를 정하는 일이다. 다음 장에서는 이 단계가 왜 중요한지, 나에게 맞는 소비자를 효과적으로 선정하는 방법은 무엇이 있는지 살펴보자.

1단계. Structure: 브랜드 기반 다지기(2)
- 독백하는 사장들

아무도 듣고 있지 않는데 혼자서 중얼거림, 바로 독백이다. 고객을 정하지 못한 사장은 외로운 독백을 한다.

'좋은 제품을 만들었는데 왜 아무도 사지 않을까?'

'매장을 오픈했는데 왜 고객이 꾸준히 오지 않을까?'

그 이유는 단순하다. '누구에게 팔 것인가?'가 명확하지 않기 때문이다.

많은 초보 사장이 '나는 내 제품을 필요로 하는 모든 사람에게 팔고 싶어.'라고 생각하지만 모두에게 팔려고 하면 아무에게도 팔지 못한다는 사실을 알아야 한다. 예를 들어 '감성 꽃다발'을 판매한다고 했을 때 고객이 명확하지 않으면 '이건 웨딩용인가? 선물용인가? 매장 인테리어용인가?'라는 혼란을 줄 수 있다.

고객을 명확하게 정하지 않으면 마케팅도 효과적으로 작동하지 않는다. SNS 광고에 적지 않은 돈을 투자했음에도 반응이 없었다면? 타깃 설정이 잘못되었을 가능성이 매우 크다.

앞서 시장 선정의 중요성을 살펴본 것처럼, 타깃 소비자를 구체적으로 정하는 것 또한 사업의 성패에 직접적인 영향을 미친다. 같은 품목을 판매하더라도 누구를 타깃으로 설정하느냐에 따라 브랜드의 방향이 완전히 달라질 수 있다. 예를 들어 스타벅스와 컴포즈커피는 모두 커피를 판매하는 브랜드지만, 전혀 다른 타깃을 설정함으로써 전략과 브랜드 이미지, 매장 운영 방식까지 완전히 달라졌다.

- 스타벅스

'나를 위한 여유로운 시간'을 중시하는 감성 소비층을 타깃으로 삼는다. 커피 한 잔의 품질은 물론이고 공간·음악·굿즈까지 포함된 브랜드 경험을 판매한다. 도심 직장인이나 혼자만의 시간을 중요하게 여기는 고객에게, 스타벅스는 단순한 음료 브랜드가 아닌 라이프스타일 공간이다.

- 컴포즈커피

가격에 민감한 대학생, 젊은 직장인 등을 타깃으로 삼는다. 매장 임대료를 낮추고, 회전율을 높이며, 접근성을 강화해 '가성비 좋은 커피'라는 명확한 메시지를 전달한다. 굿즈도 분위기도 큰 감성도 없다. 대신 '매일 마셔도 부담 없는 커피'로 고객과 연결된다.

같은 커피를 팔더라도 누구에게 팔 것인지를 명확히 한 결과, 브랜드의 메시지도, 운영 방식도, 매장의 분위기조차 완전히 달라진 것이다.

모두에게 팔고 싶다는 욕심은 결국 누구에게도 닿지 않는다. 진짜 중요한 건 '이 제품을 누구에게 가장 먼저, 가장 강하게 전할 것인가?'를 결정하는 것이다. 그 결정이 곧 브랜드의 방향을 만들고, 고객의 선택을 부른다.

이제 내 제품을 구매할 구체적인 소비자를 정하는 과정이 얼마나 중요한지 알겠는가? 그러면 효과적으로 타깃 소비자를 선정하는 방법에는 어떤 것들이 있는지 함께 체크해 보자.

1. 내 제품을 가장 필요로 하는 사람은 누구인가?

쉽게 말해, 이 제품이 필요한 순간이 언제일지 고민해 봐야 한다. 예를 들어 감성 꽃다발이라면 연인에게 기념일 선물을 주고 싶을 때 필요할지, 매장 인테리어를 위해 화병에 꽂아두고 싶을 때 필요할지 고민해야 한다.

2. 이 소비자는 어떤 고민(문제점)을 안고 있는가?

만약 당신의 소비자가 '이성에게 꽃 선물을 한 번도 해본 적이 없어 고민 중'인 남성이라면 그런 고객층을 위해 '1주년 패키지' 또는 '여자 친구 감동 패키지' 등 고객 맞춤 상품을 개발할 수 있다. 즉, 고객의 고민(문제점)을 파악해야 신제품 개발, 기존 상품 개선에 용이하다는 의미다.

3. 내 제품을 실제로 구매하는 사람은 누구인가?

내 타깃 소비자가 실제로 돈을 쓸 수 있는 고객인지 파악해야 한다. 예를 들어 장난감을 판다면 당신의 제품을 사용하는 사람은 유아나 아동일 것이다. 하지만 실제로 제품을 구매하는 건 그의 부모이다. 이처럼 내 제품을 사용하는 소비자와 구매하는 소비자가 다를 수 있다. 이런 경우에는 구매하는 소비자에 맞춰 마케팅 전략을 세워야 한다.

고객을 명확하게 정의하지 않은 브랜드는 결국 '혼자서 외롭게 독백하는 사장'이 된다. 누구에게 팔 것인지 명확해야 브랜드가 지속적으로 성장할 수 있다. 하지만 고객을 설정했다고 해서 사업이 저절로 성장하는 것은 아니다. 이제 다음 질문을 던져야 한다.

"그 고객이 나를 발견하고, 선택할 수 있는 기회를 어떻게 만들 것인가?"

브랜드를 지속적으로 성장시키려면 적극적으로 기회를 찾아야 한다. 그리고 1인 브랜드일수록 기회를 만드는 능력이 사업의 성패를 결정한다.

2단계. Opportunity : 다양한 기회 창출
– 고객이 나를 발견하게 만드는 법

혼자 사업을 운영하는 브랜드는 자본도 인력도 한정적이다. 대기업처럼 막대한 광고비를 쓸 수도 없고, 여러 명의 팀원이 함께 움직이는 것도 아니다. 그렇다면 어떻게 해야 브랜드를 알리고, 더 많은 기회를 만들어낼 수 있을까? 많은 1인 브랜드 운영자가 '내가 열심히 하면 고객들이 자연스럽게 찾아오겠지.'라고 생각하지만, 현실은 그렇지 않다.

고객이 나를 찾아오는 걸 기다리는 것이 아니라 내가 고객이 있는 곳으로 가야 한다. 브랜드를 성장시키려면 내가 어디에서 노출될 것인지, 어떤 접점을 만들어야 할 것인지 전략적으로 고민해야 한다. 이를 위해 가장 중요한 것은 스스로 기회를 만들어가는 능력이다. 단순히 제품을 잘 만드는 것만으로는 부족하다. 브랜드를 알릴 공간을 찾고, 새로운 고객과 만날 접점을 늘리고, 소비자에게 선택받을 기회를 만들어야 한다.

그렇다면 혼자서도 성장할 수 있는 기회를 만들기 위해 무엇을 해야 할까? 작은 브랜드라도 충분히 기회를 만들어낼 수 있는 방법들을 하나씩 살펴보자.

플리마켓

플리마켓은 새로운 기회를 만들 수 있는 강력한 플랫폼이다. 단순히 제품을 판매하는 공간이 아니라 잠재 고객과 직접 만나고 브랜드를 알릴 수 있는 기회다. 특히 브랜드 인지도가 부족한 초반에는 플리마켓 참여를 통해 시장 반응을 테스트하고, 실전 경험을 쌓으며 고객과의 접점을 늘리는 것이 중요하다.

실제로 이를 증명해 낸 사례가 있다. 리부케 브랜드 '부케이음'은 창업 후 단 3개월 만에 플리마켓에 참여했고, 첫 참여에서 준비한 수량을 빠르게 완판하며 브랜드의 가능성을 입증했다. 이후 플리마켓에서 얻은 데이터를 기반으로 준비 수량을 두 배로 늘렸고, 단순한 판매를 넘어 고객과의 관계를 형성하는 기회를 얻었다. 결과적으로 더 많은 소비자에게 자신의 브랜드를 각인시킬 수 있었고, 소규모 브랜드라도 스스로 기회를 만들어 성장할 수 있음을 경험했다.

플리마켓을 효과적으로 활용하려면 단순한 판매 공간이 아니라 '브랜드의 첫 번째 접점'이라는 점을 기억하고 다음 3가지를 점검하자.

- 플리마켓의 고객층이 내 브랜드와 맞는지 사전 조사
- 소비자들의 관심을 끌 수 있는 한정 상품, 체험형 요소(DIY 키트, 즉석 제작 클래스) 등을 기획
- 플리마켓에서 브랜드를 각인시키고, 이후 재방문을 유도할 수 있도록 SNS 연계

지금 내 브랜드가 새로운 기회를 만들려면 어디에서 시작할 수 있을까? 플리마켓은 단순한 오프라인 판매장이 아니라 성장을 위한 중요한 실험장이 될 수 있다.

타 브랜드와의 협업

1인 브랜드는 대표인 내가 디자이너, 마케터, 고객 관리, 배송까지 모든 일을 다 해내야 하지만 혼자 하기 힘든 부분은 타 브랜드와의 협업을 통해 보완할 수 있다. 비슷한 가치를 공유하는 브랜드와 함께 이벤트를 진행하거나 한정판 제품을 출시한다면 새로운 고객층을 확보하거나 추가 수익을 창출하는 기회가 될 수 있

을 것이다. 예를 들어 맥도날드는 글로벌 아이돌인 BTS와의 협업으로 'BTS 밀'을 출시한 적이 있다. 기존 맥도날드 고객뿐만 아니라 전 세계 아미(BTS 팬덤)를 새로운 고객층으로 확보할 수 있는 계기가 되었다.

하지만 대기업처럼 거대한 마케팅을 할 수 없는 1인 브랜드라면 협업을 어떻게 성사시켜야 할까? 1인 브랜드가 협업을 성사시키는 3단계 전략을 소개한다.

1. 협업할 브랜드 리스트 작성

내 브랜드와 비슷한 고객층을 가진 브랜드 10곳을 리스트업해 보자. 예를 들어 내가 핸드메이드 캔들 브랜드를 운영한다면 라이프스타일 편집 숍, 소형 플라워 숍, 인테리어 소품 브랜드 등이 협업 후보가 될 수 있다.

2. 협업 제안

소형 플라워 숍에 협업을 제안한다고 가정해 보자. 이때 가장 중요한 건 '내가 누구인가'를 알리는 게 아니다. '이 제품을 선택해야 하는 이유', '플라워 숍을 찾는 고객들이 이 제품을 구매했을 때 얻을 수 있는 가치'를 먼저 전달해야 한다. 철저히 플라워 숍의 관점에서 협업 시 장점을 이야기해야 하는 것이다.

3. 협업 상품 기획 및 마케팅

협업 제안 후 긍정적인 답변이 돌아온다면 이후 상품 및 마케팅 기획을 진행한다. 이때는 '한정판'이나 '공동 브랜딩' 요소를 추가하면 더 효과적이다. 예를 들어 '꽃집 향이 나는 캔들 + 미니 꽃다발 세트'를 출시하면 서로의 고객을 공유할 뿐만 아니라 새로운 고객층을 효과적으로 공략할 수 있을 것이다.

이처럼 협업을 진행하면 내 브랜드를 한 번도 접해 보지 않은 새로운 고객들에게 자연스럽게 노출되는 기회가 생길 뿐만 아니라 신선한 경험을 제공함으로써 브랜드 가치를 상승시킬 수 있다. 만약 당신도 협업을 진행하고자 한다면 당신의 브랜드와 목표, 가치를 공유할 수 있는 업체는 무엇일지 고민해 보기 바란다.

업무 제휴

앞서 설명한 '협업'과 이번에 살펴볼 '제휴'는 비슷해 보이지만 목적과 실행 방식에 차이가 있다. 협업은 두 개 이상의 독립적인 주체가 대등한 위치에서 아이디어를 공유하며 특정 프로젝트나 목표를 달성하기 위해 일시적으로 협력하는 것이고, 제휴는 서로의 비즈니스 성장을 위해 장기적인 계약을 맺고 협력 관계를 유지하는 것이다. 예를 들어 수공예 작가가 개인 카페와 협업해 '카페 한정판 에디션'을 출시하는 것은 협업이고, 플로리스트가 기업과 제휴해 정기적으로 꽃을 납품하는 것은 제휴이다.

그렇다면 왜 1인 브랜드에게 업무 제휴가 중요할까? 혼자서 브랜드를 운영할 때 가장 어려운 점은 고객을 꾸준히 확보하는 것이다. 마케팅 예산이 많지 않은 1인 브랜드라면 제휴를 통해 새로운 고객층과 지속적으로 연결될 수 있는 기회를 만드는 것이 매우 중요하다. 예를 들어 내가 속한 리부케 시장에서는 웨딩 업체와의 제휴 사례를 자주 볼 수 있다. 웨딩 플래너, 청첩장 업체, 웨딩 스튜디오와의 제휴를 통해 한 번의 결혼식 준비 과정에서 자연스럽게 고객이 연결된다. 고객은 양쪽 브랜드에서 할인, 사은품 증정 등 특별한 혜택을 받을 수 있어 만족도가 높아진다. 브랜드 입장에서는 광고비를 들이지 않고도 서로의 고객을 공유할 수 있는 기회가 되는 것이다.

내 수강생 중에서도 웨딩 플래닝 업체와의 제휴를 통해 지속적인 수익을 창출한 사례가 있다. 원래는 개별 고객을 대상으로 상품 제작을 진행했지만, 웨딩 플래닝 업체와 제휴를 맺은 후 고객 유입이 꾸준히 증가했다. 해당 업체의 웨딩 박람회에 참가하면서 브랜드 인지도와 신뢰도가 높아졌기 때문이다. 이처럼 제휴는 단순한 판매 기회를 넘어 브랜드를 성장시키는 중요한 전략이 될 수 있다.

많은 브랜드가 제휴를 원하고 기다리지만, 성공하는 브랜드는 제휴를 직접 만든다. 내 브랜드와 시너지를 낼 수 있는 업체는 어디인지, 그 업체의 고객이 내 제품을 필요로 할 이유는 무엇인지, 나는 상대방에게 어떤 가치를 줄 수 있는지 생각해 보라. 제휴를 제안할 때는 상대방이 얻을 수 있는 가치를 명확히 전달하는 것이 가장 중요하다. 이 제휴를 통해 상대방과 상대방의 고객이 얻을 수 있는 가치를 전달해야 한다. 또한 신뢰를 줄 수 있는 포트폴리오와 사례를 준비하는 것도 중요하다.

성공적인 제휴는 광고보다 더 강력한 마케팅 효과를 가져올 수 있는 기회다. 이제 제휴의 기회를 기다리지 말고 먼저 움직여 보자.

3단계. Leverage: 수익 모델 확장
– 혼자서 얼마까지 벌 수 있을까?

고객이 나를 발견하게 만드는 것이 첫 번째 과제였다. 하지만 고객이 나를 발견했다고 해서 브랜드가 곧바로 성장하는 것은 아니다. 이제 중요한 질문은 이것이다.

'한 번 찾은 고객이 다시 나를 찾아오게 만들고, 지속적인 수익을 창출할 방법은 무엇인가?'

1인 브랜드가 성장하려면 단순히 한 번의 판매에서 끝나는 것이 아니라, 꾸준히 수익이 발생하는 구조를 만들어야 한다. 혼자서도 브랜드를 운영하면서 수익을 극대화하는 방법은 무엇일까? 이번 장에서는 1인 브랜드의 5가지 파이프라인을 소개한다.

정기 구독 서비스

내 브랜드를 한 번 경험했다고 해서, 그 고객이 계속 재구매를 할 것이라고 기대하면 안 된다. 고객이 주기적으로 내 브랜드를 소비하도록 만드는 가장 효과적인 방법 중 하나가 '정기 구독 서비스'이다. 정기 구독 서비스는 고객이 매달 자동으로 결제하면서 지속적으로 내 브랜드를 소비할 수 있도록 설계하는 방식이다. 한 번의 판매로 끝나는 것이 아니라 고객에게 '반복적으로 내 브랜드를 소비할 이유'를 만들어주는 것이 핵심이다.

꽃 정기 배송 브랜드 '꾸까(Kukka)'는 꽃을 '선물'이 아닌 '일상의 루틴'으로 바꾸는 데 성공한 사례다. 고객은 매달 일정한 요일에 꾸까의 꽃을 배송 받으며, 꽃을 구매하는 사람이 아니라 꽃과 함께 살아가는 사람이 된다. 디자인이 매번 다르고, 계절에 따라 꽃의 종류와 스타일이 달라지기 때문에 '이번엔 어떤 꽃이 올까?'라는 기대감이 정기 구독의 핵심 요소로 작용한다. 이 반복 경험은 단순한 재구매를 넘어서 브랜드와 고객 사이에 감정적 연결을 만들어주는 도구가 된다.

다양한 분야에서 이러한 방식을 활용할 수 있다. 예를 들어 캔들 공방이라면 계절별 맞춤 향기 캔들 구독 서비스를 제공해 고객이 브랜드와 꾸준히 연결되도록 할 수 있다. '매월 다른 향기를 경험하는 즐거움'을 제공함으로써 단순한 일회성 구매가 아니라 고객이 브랜드와 연결될 수 있는 기회를 만드는 것이다.

이러한 정기 구독 서비스를 성공적으로 운영하기 위해서는 어떤 준비를 해야 할까? 다음 3가지를 살펴보자.

1. **'구독할 이유'를 만들라.**

고객이 '매월 정기적으로 받아야 할 필요성'을 느껴야 한다. 단순히 제품을 제공하는 것이 아니라 매달 새로운 경험을 제공하는 것이 핵심이다. 베이킹 공방이라면 매월 다른 종류의 디저트 레시피 키트를 제공하거나, 도예 공방이라면 매월 새로운 형태의 머그컵이나 접시 디자인을 제안해 고객이 '다음 달에도 기대되는 브랜드'로 인식할 수 있도록 해야 한다.

2. **고객이 직접 선택할 수 있는 옵션을 제공하라.**

일반 정기 구독보다 '맞춤형 정기 구독' 옵션을 제공하면 해지율을 낮추는 데 도움이 될 수 있다. 캔들 공방이라면 이 달의 향을 '플로럴 계열'과 '우디 계열' 중 선택할 수 있게 옵션을 제공하는 것이다. 고객의 취향을 반영한 맞춤형 경험이 가능해지면 구독 만족도가 높아진다.

3. **추가 혜택을 제공하여 장기 구독을 유도하라.**

구독 기간이 길어질수록 추가적인 혜택을 제공하면 고객의 지속성을 확보할 수 있다. 예를 들어 꽃집 정기 구독 서비스를 운영 중이라면 '3개월 이상 구독 시 꽃가위 무료 제공', '6개월 이상 구독 시 꽃가위+화병 무료 제공' 등의 혜택을 제공해 장기 구독을 유도하는 것이다.

정기 구독 서비스는 단순한 판매 방식을 넘어 고객과 지속적으로 관계를 형성할 수 있는 전략이다. 단 한 번의 거래로 끝나는 것이 아니라 고객이 매달 브랜드를 경험하면서 더 깊이 연결될 수 있는 기회를 제공한다. 하지만 성공적인 정기 구독 모델을 만들기 위해서는 단순한 '구독 서비스'가 아니라 고객이 매달 기대할 수 있는 '가치'를 제공하는 것이 중요하다. 이 3가지 원칙을 바탕으로, 브랜드와 고객이 함께 성장하는 정기 구독 모델을 설계해 보자.

온라인 강의 판매

1인 브랜드의 가장 큰 한계는 시간과 노동력이 매출과 직접 연결된다는 것이다. 내가 직접 만들고, 포장하고, 판매해야만 돈을 벌 수 있는 구조라면 성장이 제한될 수밖에 없다. 하지만 온라인 강의를 활용하면 내가 직접 일하지 않아도 지속적으로 수익을 창출할 수 있다. 즉, 한 번 만들어 놓으면 자동으로 판매될 수 있는 디지털 제품(Digital Product)을 구축하는 것이다.

온라인 강의를 활용해 지속적인 수익을 창출하는 대표적인 온라인 클래스 플랫폼으로는 '클래스유(ClassU)', '클래스101(Class101)'을 꼽을 수 있다. 공예, 플라워, 미술, 라이프스타일 등 다양한 분야의 1인 크리에이터들이 온라인 강의를 개설하고 운영할 수 있도록 지원하는 플랫폼이다. 과거에는 공방에서 직접 강의를 진행해야만 수익을 얻을 수 있었지만, 온라인 강의가 도입되면서 1인 브랜드들이 시간과 공간의 제약 없이 강의를 운영할 수 있는 기회가 열렸다.

이러한 온라인 강의 플랫폼을 활용하면 강사는 한 번만 강의를 촬영해 업로드 후 지속적인 수익을 창출할 수 있다. 또한 기존의 원데이 클래스와 달리 강의가 온라인상에서 계속 판매되기 때문에 '자동 수익화'가 가능해진다. 수강생들은 원하는 시간에 자유롭게 강의를 들을 수 있어 강의 운영자의 노동력을 최소화할 수 있다는 장점도 있다.

'클래스유'에서 SNS 기반 콘텐츠 마케팅 강의를 진행한 한 강사는 론칭 1년 만에 약 1만 5,000명 이상의 수강생을 확보하며 주목할 만한 성과를 거두었다. 이후에도 SNS 채널을 통해 수강생들과 적극적으로 소통하며, 콘텐츠 마케팅의 노하우를 지속적으로 공유하고 있다.

 온라인 강의는 일회성 수익이 아니라 장기적인 수익 파이프라인을 구축하는 방법이다. 효과적인 온라인 강의를 개설하기 위해 활용할 수 있는 3가지 전략을 소개한다.

1. 가장 많이 받는 질문을 강의로 만들라.
사람들이 당신에게 자주 묻는 질문이 있다면 그 자체가 강의 주제로서 가치가 있다. 예를 들어 "공방 창업을 하려면 무엇부터 해야 하나요?"라는 질문을 많이 받는다면 '공방 창업 가이드' 강의를 제작하는 것이다.

2. 한 번의 촬영으로 지속적인 판매가 가능한 구조를 만들라.
라이브 강의가 아닌 녹화된 강의(VOD)로 제공하면 시간의 제약 없이 판매 가능하다. 예를 들어 핸드메이드 주얼리 제작 강의라면 재료 준비, 이론, 제작 과정을 한 번 촬영하여 지속적인 수강생 모집이 가능하다.

3. 온라인 강의와 연계할 수 있는 판매 구조를 확장하라.
온라인 강의와 함께 재료 키트, 템플릿 등을 추가 상품으로 제공하면 더 높은 매출을 기대할 수 있다. 캔들 만들기 클래스라면 강의만 제공하는 것이 아니라 바로 만들어볼 수 있도록 DIY 키트 패키지를 함께 판매하는 것이다.

온라인 강의는 1인 브랜드가 노동과 시간을 줄이면서도 지속적인 수익을 창출할 수 있는 수단이다. 플랫폼을 잘 활용하면 누구나 온라인 강의를 통해 브랜드를 확장하고 더 많은 고객과 만날 수 있다. 이제 시간과 노동력에 의존하는 구조에서 벗어나야 한다. 당신의 브랜드에서 온라인 강의로 확장할 수 있는 기회는 무엇인가? 지금부터 새로운 가능성을 열어보자.

B2B 시장으로 확장

대부분의 1인 브랜드는 B2C(Business to Consumer) 위주로 운영한다. 하지만 개인 고객만을 대상으로 하면 매출이 불규칙할 수밖에 없고, 꾸준한 수익을 내기 위해 계속 새로운 고객을 찾아야 하는 부담이 따른다. 이에 반해 B2B(Business to Business) 시장은 한 번의 계약으로 장기적인 거래 관계를 형성할 수 있어 보다 안정적인 매출을 확보할 수 있는 기회가 된다. 또한 B2B 시장은 개인 고객과 달리 대량 주문과 정기적인 납품 계약이 가능하기 때문에 브랜드의 운영 안정성을 높일 수 있다.

기업과의 계약을 통해 일정한 매출이 보장되면 브랜드 운영자는 계속해서 새로운 고객을 찾아야 하는 부담이 줄어드니 제품이나 서비스의 질을 높이는 데 집중할 수 있다. B2B 시장은 여러 분야에서 활용할 수 있으며 브랜드가 보다 안정적인 수익 구조를 만들 수 있는 중요한 확장 영역이다.

국제플라워스타일리스트협회(IFSA)를 운영하고 있는 나 역시 일반 소비자를 대상으로 한 창업 클래스 외에도 기업 출강, 해외 워크숍 등 B2B 성격의 교육 프로그램을 적극적으로 운영하고 있다. 특히 미국 현지 파트너와 함께 기획한 샌프란시스코와 LA 출강은 단발성 강의가 아니라 사전 협의된 일정과 커리큘럼을 기반으로 기획된 제안형 클래스였으며, 이러한 구조는 예측 가능한 수익 구조와 브랜드 신뢰도를 동시에 구축할 수 있다는 장점이 있다.

또한 B2B 대상의 부자재 판매 사업도 함께 운영하고 있다. 일반 소비자가 아닌 강사, 공방 운영자들을 위한 전용 유통 채널을 통해 특정 몰드, 전용 용액, 키트형 상품 등을 도매 단위로 공급하며, '단순한 수업'이 아닌 '상품+콘텐츠+유통'이 결합된 형태의 비즈니스 모델을 구축하고 있다.

이처럼 B2B는 브랜드가 '직접 판매자'로만 머무르지 않고, 시장 안에서 '리더' 또는 '공급자'로 전환되는 확장 전략으로 기능할 수 있다. 참가 인원이 많은 단체 클래스, 반복 계약이 가능한 워크숍 그리고 브랜드만의 부자재 라인까지, 지속 가능한 브랜드 운영을 위해 B2B는 반드시 고려해야 할 영역이다.

B2B 시장으로 확장하기 위해서는 기업이 원하는 가치를 제공할 수 있도록 접근하는 것이 중요하다. 개인 소비자와는 달리 기업은 제품의 감성보다는 실용성과 비용 대비 효율성을 중요하게 생각하기 때문이다.

다음과 같은 전략을 활용하면 B2B 시장에서 더 좋은 결과를 얻을 수 있을 것이다.

1. 기업이 원하는 서비스를 제공하라.

기업은 개인 소비자보다 실용성과 신뢰도를 더 중요하게 고려한다. 예를 들어 웨딩 부케 브랜드라면 '프리미엄 부케 무료 업그레이드 서비스' 등과 같은 맞춤형 솔루션을 제공해 계약 성사 확률을 높일 수 있다.

2. B2B 계약을 위한 포트폴리오를 준비하라.

기업 고객은 실적이 있는 브랜드와의 거래를 선호하기 때문에 '실제 납품 사례' 또는 '브랜드 협업 사례'를 정리한 제안서를 준비하면 설득력이 높아진다. 만약 이러한 자료가 부족하다면 '해당 기업의 고객을 위해 내가 제공할 수 있는 혜택', '내 브랜드의 향후 비전' 등을 제시해 보자.

3. 기업과의 첫 거래는 테스트 개념으로 접근하라.

대부분의 기업은 처음 거래하는 브랜드와 바로 대규모 계약을 체결하기를 부담스러워한다. 서로의 신뢰를 쌓고, 제품이나 서비스의 적합성을 검증하는 과정이 필요하기 때문이다. 따라서 처음부터 장기 계약을 요구하기보다는 작은 규모의 거래부터 시작하여 점진적으로 협업을 확장하는 전략이 효과적이다. 따라서 초반에는 소량 주문을 유도하거나 무료 샘플을 제공해 테스트할 수 있도록 하는 것도 좋은 방법이다.

B2B 시장을 공략하면 개인 고객 위주의 불안정한 매출 구조에서 벗어나 안정적인 계약을 통해 장기적인 수익을 창출할 수 있다. 또한 기업과의 협업을 통해 브랜드의 인지도와 신뢰도를 높이고, 더 큰 시장으로 확장할 기회를 얻을 수도 있다.

지금 운영하는 브랜드에서 B2B 시장으로 확장할 수 있는 가능성이 있는가? 내 브랜드가 개인 고객뿐만 아니라 기업 고객에게도 가치 있는 제품이나 서비스를 제공할 수 있을지 고민해보자.

해외 시장으로 진출

많은 사람이 창업을 할 때 '어떻게 하면 우리 동네에서 일등이 될까?'를 고민한다. 나 역시 처음에는 '홍제동에서 일등 꽃집 되기'를 목표로 했다. 하지만 사업을 운영하다 보니 처음부터 '어떻게 하면 한국을 넘어 해외 시장까지 확장할 수 있을까?'를 고민했다면 내 제품과 서비스 기획이 전혀 다르게 구성되었을 것이라는 점을 깨달았다.

과거에는 '해외 진출' 하면 대기업이나 큰 브랜드만 가능한 일처럼 보였지만 SNS와 글로벌 플랫폼이 활성화한 지금은 1인 브랜드도 충분히 해외 시장을 노릴 수 있다. 단순히 국내 고객만을 타깃으로 하기보다 처음부터 글로벌 시장을 염두에 두고 제품과 서비스를 기획한다면 더 많은 기회를 만들 수 있다. 아래에서 해외 시장을 성공적으로 공략하기 위한 전략을 함께 살펴보자.

1. 해외 시장에서 차별화된 나만의 강점을 찾아라.

국내에서는 익숙한 제품이나 서비스도 해외에서는 전혀 새로운 개념일 수 있다. 예를 들어 내가 IFSA를 설립한 이유도 리부케 기술을 해외에 알리고 싶었기 때문이다. 특히 한국에서 최근 유행하기 시작한 '고체 하바리움(Solid Herbarium)'을 활용한 오브제는 미국과 유럽 시장에서는 생소한 개념이었기 때문에 큰 기회가 될 것이라고 판단했다. 그 즉시 나는 무형의 기회를 유형의 성과로 바꾸기 위해 직접 몰드 개발을 진행했고, 그 결과 '솔리드 플라리움 오브제 마스터(Soild Flarium Objet Master)' 강의가 만들어졌다. 그리고 2025년 2월, 나는 이 강의로 샌프란시스코 워크숍을 진행해 현지 수강생들의 신선한 반응과 높은 몰입도를 직접 확인했다. 그 경험은 단지 한 번의 강의로 끝나지 않았다. 같은 해 9월에는 LA에서 두 번째 해외 워크숍을 열었으며, 앞으로도 단발성이 아닌 지속 가능한 흐름으로 이어질 수 있다는 확신을 가지고 있다.

이처럼 해외 시장에 진출하고자 한다면 그곳에서 새롭고 매력적으로 보일 수 있는 내 브랜드만의 강점이 무엇인지 고민해 보아야 한다.

2. SNS를 활용해 해외 시장을 테스트하라.

해외 소비자를 타깃으로 한다면 그들에게 익숙한 SNS 플랫폼을 적극 활용해야 한다. 예를 들어 영어를 사용하는 채널을 운영하여 수업 준비 과정이나 제품 개발 과정을 지속적으로 노출시키면 자연스럽게 해외 잠재 고객과 소통할 수 있을 것이다. 단순히 제품을 소개하는 게 아니라 해외 소비자가 흥미를 가질 만한 콘텐츠를 지속적으로 제공하는 것이 중요하다.

3. 글로벌 플랫폼을 활용해 해외 소비자와 연결하라.

제품을 직접 수출하는 것이 부담스럽다면 글로벌 이커머스 플랫폼을 활용해 해외 소비자에게 브랜드를 노출하는 것도 좋은 방법이다. 아마존, 이베이 같은 글로벌 쇼핑몰에 입점하면 초기 비용 없이도 해외 소비자들이 내 제품을 발견할 기회를 만들 수 있을 것이다.

지금 운영하는 브랜드가 해외 시장에서도 충분히 경쟁력을 가질 수 있는지 고민해 보자. 내 제품과 서비스가 한국에서만 익숙한 것인지, 아니면 해외에서도 흥미롭게 받아들여질 수 있는지 살펴보는 것부터 시작하면 된다.

해외 진출을 위한 첫 단계는 현지 소비자가 내 브랜드를 접할 수 있는 기회를 만드는 것이다. SNS, 글로벌 플랫폼, 현지 파트너십 등 다양한 방법을 활용해 해외 시장에서 브랜드를 확장할 수 있는 전략을 고민해 보자. 처음부터 큰 계획을 세울 필요는 없다. 작은 시도부터 시작해 보면 생각보다 더 많은 기회가 열릴지도 모른다.

차별화된 아이템 개발

1인 브랜드가 성장하기 위해 가장 중요한 것은 차별화된 나만의 아이템을 갖추는 것이다. 독창적인 아이템이 없다면 트렌드를 선도하기는커녕 빠르게 변하는 시장을 따라가기에도 벅찰 수밖에 없다. 또한 고객에게 '왜 당신의 브랜드를 선택해야 하는가?'라는 질문에 명확한 답을 주지 못한다면 브랜드의 경쟁력은 점차 약해질 것이다. '차별화된 아이템'이 반드시 완전히 새로운 것일 필요는 없다. 오히려 기존 제품에서 고객이 불편을 느끼는 부분을 개선하는 것만으로도 충분히 차별화를 이끌어낼 수 있다.

내가 운영하는 브랜드에서도 차별화를 위해 몰드 디자인을 직접 개발했고, 그 과정에서 '듀얼 메모리 프레임'이라는 새로운 제품이 탄생했다. 기존에는 부케를 보존하는 방식이 대부분 2D 형태여서 입체적인 느낌이 부족했다. 또한 부케와 결혼 사진을 같이 보관할 수 있는 제품이 다양하지 않았기 때문에 고객이 두 가지를 따로 관리해야 하는 불편함이 있었다. 그래서 3D 형태로 부케를 보존하면서, 결혼 사진까지 함께 보관할 수 있도록 몰드를 직접 디자인했다. 이러한 아이템 개발을 통해 단순한 상품 판매를 넘어 B2B 시장까지 확장할 수 있는 기회를 만들었다.

하지만 차별화된 제품을 만들겠다고 처음부터 과도한 투자나 대량 생산을 하는 것은 위험하다. 특히 1인 브랜드는 소규모로 시작해 고객 반응을 테스트한 후, 반응이 좋은 제품에 집중하는 방식이 가장 현실적이다. 아이템을 개발하기 전 다음 3가지를 먼저 체크하자.

1. 소량 제작 후 시장 반응을 확인하라.
처음부터 대량 생산을 하기보다는 테스트용으로 몇 개만 제작하여 고객 반응을 살피는 것이 좋다. 예를 들어 '듀얼 메모리 프레임'도 처음에는 샘플 제작용으로 소량 제작하여 SNS에 업로드하였고, 고객 반응을 확인한 후 대량 생산을 진행했다.

2. 고객의 불편을 해결하는 것이 차별화의 핵심이다.
무조건 새로운 것이 아니라 기존 제품의 문제점을 개선하는 것만으로도 차별화가 가능하다. 레진 & 리부케 전문 브랜드 '러플'은 깊이가 낮아 큰 꽃을 넣을 수 없었던 기존 실리콘 몰드의 한계를 발견했다. 이에 전체적인 디자인은 유지하되 깊이를 더 깊게 설계한 새로운 몰드를 개발했다. 이러한 시도가 차별화 요소가 되어, 현재는 상품 판매뿐 아니라 몰드 판매와 디자인 수업까지 함께 진행하고 있다.

3. B2B 확장 가능성을 고려하라.
제품을 일반 고객에게만 판매하는 게 아니라 기업과 협업하여 더 넓은 시장을 공략할 수 있는지 고민해야 한다. 웨딩 업체, 플라워 스튜디오, 편집 숍 등 자연스럽게 제품을 노출할 수 있는 B2B 채널을 확보하면 더욱 안정적인 판매가 가능해진다.

이번 장에서는 혼자서도 브랜드를 성장시킬 수 있는 다양한 방법을 살펴보았다. 정기 구독 서비스, 온라인 강의, B2B 시장으로 확장, 해외 시장으로 진출, 차별화된 아이템 개발에 이르기까지 1인 브랜드가 지속적으로 매출을 만들고 성장할 수 있는 구조를 갖추는 것이 중요하다.
하지만 이러한 전략을 실행할 때 반드시 고려해야 할 요소가 있다. 바로 '브랜딩'과 '마케팅'이다. 아무리 좋은 제품과 서비스가 있어도 고객이 내 브랜드를 기억하지 못한다면 성장할 수 없다. 반대로, 내 브랜드를 제대로 브랜딩하고 효과적으로 알릴 수 있다면 더 많은 고객과 연결될 기회를 만들 수 있다.

이제부터는 브랜딩과 마케팅을 통해 어떻게 하면 고객이 내 브랜드를 기억하고 선택하도록 만들 수 있을지에 대해 알아보자.

4단계. Impact: 고객과의 연결
– 감정으로 구매하는 고객들

우리는 매일 다양한 선택을 한다. 커피를 고를 때도, 옷을 살 때도 물론이고 핸드크림 하나를 살 때도 선택지가 워낙 많기에 어떤 브랜드를 선택해야 할까 고민한다. 그런데 재미있는 점은 대부분의 선택이 논리가 아니라 '감정'에 의해 이루어진다는 것이다. 예를 들어 똑같이 심플한 디자인의 생활용품이라도 무인양품을 선택하는 사람들은 단순히 기능이나 가격 때문이 아니라 '무인양품스럽다'는 감정, 브랜드가 추구하는 철학적 무드, 그 제품이 주는 여백과 안정감에 끌리는 경우가 많다. 따뜻한 분위기, 브랜드가 주는 감성이 그들을 사로잡는다. 비슷한 가격대의 가방이 있어도 사람들은 샤넬을 선택하여 우아함과 클래식한 감성을 함께 구매한다.

이처럼 소비자는 제품 자체보다 '그 제품을 가졌을 때 느끼는 감정'을 구매하는 것이다. 그리고 그 감정을 설계하는 것이 바로 브랜딩과 마케팅이다. 그렇다면 브랜딩과 마케팅은 무엇일까? 그리고 우리는 이것을 어떻게 활용해야 할까?

많은 사람이 브랜딩과 마케팅을 같은 개념으로 생각하지만, 사실 이 둘은 전혀 다른 역할을 한다. 브랜딩은 '내가 누구인지' 정의하는 것이고, 마케팅은 '그것을 알리는 과정'이다.

브랜딩은 단순히 로고나 디자인을 넘어서 브랜드의 정체성과 철학을 구축하는 과정이다. 고객이 브랜드를 보고 떠올리는 감정, 이미지, 가치관까지 모두 포함된다. 우리에게 익숙한 두 브랜드, 애플과 삼성을 예시로 살펴보자.

애플의 브랜딩은 '혁신적이고 감성적인 브랜드'이다. 심플한 디자인과 직관적인 사용 경험, 창의적인 라이프스타일을 강조하면서 애플을 사용하는 사람들은 단순히 제품이 아닌 '애플만의 감성'을 소비한다. 반면 삼성은 '기술력과 강한 퍼포먼스의 브랜드'이다. 감성보다는 기능과 스펙을 강조하여 글로벌 시장에서 강한 신뢰감을 구축하였다.

우리 주변에서 흔히 볼 수 있는 브랜드 중에서도 이러한 사례를 어렵지 않게 찾아볼 수 있다. 인테리어 플랫폼 '오늘의집'은 단순히 가구나 소품을 판매하는 쇼핑몰이 아니다. 이 브랜드가 전하는 핵심 메시지는 '이런 집에서 살아보고 싶다.'는 감정의 상상에 있다.

오늘의집은 제품 정보보다 일상 공간을 따뜻하게 담아낸 콘텐츠, 예를 들면 햇살이 드는 거실, 식물이 놓인 주방, 잘 정리된 서재 등의 사진을 통해 고객들에게 '소비'가 아닌 '감정적 몰입'을 유도한다. 고객은 소파나 테이블을 구매하는 것이 아니라 그 물건이 주는 감정, 그리고 그 감정을 경험하는 자신의 일상을 구매하는 것이다. 이처럼 브랜딩은, 고객이 그 브랜드를 통해 어떤 감정을 느끼게 할지를 설계하는 과정이다.

마케팅은 브랜드를 알림과 동시에 즉각적인 매출이 일어날 수 있도록 구매를 유도하는 활동이다. 광고, 프로모션, SNS 캠페인, 이벤트 등이 모두 포함된다. 대표적인 예로 나이키를 떠올릴 수 있다. 나이키의 브랜드 메시지는 'Just Do It!'으로, 도전 정신과 용기를 강조한다. 이 메시지를 효과적으로 전달하기 위해 그들이 선택한 방법은 유명 운동선수를 모델로 한 광고 캠페인을 제작하는 것이었다. SNS와 영상 광고를 활용해 감성적인 스토리텔링을 하며 소비자들로 하여금 '운동을 하고 싶어지는' 감정을 느끼게 만든다.

저당 디저트 브랜드 '라라스윗(Larasweet)'은 인스타그램을 중심으로 '맛있지만 건강한' 감정을 자극하는 콘텐츠를 꾸준히 제작하고 있다. 이 브랜드는 '다이어트를 하면서도 달콤한 행복을 포기하지 않아도 된다.'는 메시지를 제품에 담아내며, SNS에서 레시피, 리뷰, 고객 후기, 신제품 개발 과정을 효과적으로 공유하고 있다. 또한 시즌별 이벤트, 한정 판매 등으로 구매 욕구에 긴급성을 부여하고, 클래스나 팝업 스토어와 연계한 브랜딩 전략을 통해 단순 소비를 넘어 '체험하고 싶은 감정'을 자극하는 데 성공했다.

이처럼 마케팅은 브랜드의 가치를 고객에게 전달하는 도구이며, 다양한 전략을 통해 브랜드를 더욱 강력하게 만드는 역할을 한다.

브랜딩과 마케팅의 차이를 간략히 정리하면 다음과 같다.

구분	브랜딩	마케팅
정의	브랜드의 정체성과 철학을 구축하는 활동	브랜드를 알리고 고객을 유치하는 활동
역할	고객이 브랜드를 떠올릴 때 느끼는 감정 설계	광고, 이벤트, 콘텐츠 제작 등을 활용한 홍보
예시	라라스윗: '다이어트 중에도 달콤한 행복을 누릴 수 있다.'	인스타그램 피드 운영 및 브랜드 스토리 영상 공유

결국 브랜딩과 마케팅은 스몰 브랜드가 성장하는 데 있어 필수적인 두 가지 축이다. 단기적인 매출 상승을 원한다면 마케팅만으로도 가능하다. 하지만 장기적으로 브랜드의 가치를 고객이 믿고 다시 찾도록 만들려면 브랜딩이 반드시 필요하다. 반대로, 아무리 좋은 브랜딩이 있어도 마케팅이 부족하면 고객에게 닿을 수 없다. 특히 1인 브랜드나 소규모 사업자라면 단순히 제품을 '판매'하는 것이 아니라 브랜드의 스토리를 공유하고, 고객과 감성적으로 연결되는 것이 중요하다. 내 브랜드가 고객의 삶 속에서 어떤 감정을 주고, 어떤 가치를 전달할지를 고민해야 한다.

마지막으로, 스몰 브랜드가 브랜딩과 마케팅을 효과적으로 활용하기 위해 꼭 기억해야 할 3가지를 다시 정리해 보자.

1. 나는 어떤 브랜드인가?
고객이 나를 어떻게 기억했으면 좋겠는가? 브랜딩부터 명확히 정해야 한다.

2. 나는 어떤 스토리와 철학을 가졌는가?
그것을 어떻게 알릴 것인가? 단순히 제품을 홍보하는 것이 아니라 브랜드의 스토리와 철학을 자연스럽게 전달할 수 있어야 한다.

3. 나는 어떤 채널을 활용할 것인가?

인스타그램, 스레드, 블로그, 유튜브 등 다양한 플랫폼 중 브랜드의 감성과 맞는 플랫폼을 활용해 보자. 플랫폼마다 성격이 다르므로 나에게 가장 잘 맞는 것을 고르는 것도 중요하다.

고객들은 단순히 제품만 사는 것이 아니라 그 제품을 통해 느끼는 감정을 산다. 그리고 그 감정을 만드는 것이 바로 당신의 브랜드다. 단순한 '판매자'가 아니라 고객의 삶에 가치를 더하고 감정을 공유하는 '브랜드'가 되기를 바란다.

5단계. Dominate: 차별화 전략
- 경쟁 없는 시장을 개척하다

스몰 브랜드는 대기업과 똑같은 방식으로 경쟁할 수 없다. 가격을 낮출 수도 없고, 대규모 광고를 할 수도 없다. 하지만 고객이 '이 브랜드는 다르다.'라고 느끼게 만든다면? 더 이상 경쟁할 이유가 사라진다. 한번 생각해 보자. 같은 가격대의 수제 캔들이 두 개 있다. 하나는 단순한 핸드메이드 캔들이고, 다른 하나는 '나의 손글씨가 새겨진 맞춤형 캔들'이라면? 후자를 선택한 고객은 단순한 제품이 아니라 특별한 경험과 감정을 함께 구매하게 될 것이다. 이것이 차별화의 힘이다. 그냥 제품이 아니라 '브랜드의 이야기'와 '경험'을 함께 팔아야 한다.

이제부터는 스몰 브랜드가 차별화를 통해 경쟁 없는 시장을 개척하는 방법을 알아보자.

가장 중요한 첫 번째는 고객이 굳이 나를 선택해야 하는 이유를 만들어야 한다. '내가 아니면 안 되는 이유', '다른 곳은 더 알아볼 필요도 없는 이유'를 만들어야 한다. 고객은 기존의 제품이나 서비스에 익숙하다. 하지만 어떤 한 가지 이유만으로도 선택을 바꿀 수 있다.

나는 '리부케 컨설팅 교육'을 운영 중이다. 단순한 기술 교육을 넘어 꽃을 보존하는 리부케 기술부터 브랜딩, 마케팅, 판매 전략까지 함께 다루는 실전 창업 프로그램이다. 기존 시장에서 진행하는 창업 교육의 수강료는 100만 원 수준이지만, 내 수업의 수강료는 3배쯤 높다. 그럼에도 매월 수십 명의 수강생이 나를 선택하는 이유는 무엇일까? 기존 창업 교육은 상품을 제작하는 방법만 알려주었다. 하지만 나는 '파는 방법'까지 함께 알려주었다. '상품을 만들긴 했는데 어떻게 팔아야 하지?'라는 소비자의 고민을 리부케에 특화된 브랜딩과 마케팅 전략을 알려줌으로써 해소해 준 것이다.

고객에게 새로운 경험을 제시하며 차별화에 성공한 사례가 또 있다. 바로 무인 꽃집을 운영 중인 '바움 플라워'이다. 기존의 무인 꽃집 시장은 '관리가 안 된다.', '예쁘지 않다.'는 이미지 때문에 소비자들의 외면을 받기 일쑤였다. 하지만 바움 플라워의 전략은 달랐다. 플로리스트가 상주하는 시간대를 정해 놓고 그 외 시간만 무인으로 운영하여 '전문가에 의해 관리되고 디자인되는 꽃'이라는 이미지를 심어주었다. 또한 꽃 경매장에서 바로 직송해 온 싱싱한 꽃들을 작은 묶음으로 구성하여 '내 손으로 직접 꽃다발을 만드는 기분'을 느끼게 해주었다. 꽃만 판매하는 게 아니라 브랜드의 감성에 맞는 책, 소품들을 함께 판매함으로써 '꽃과 함께 선물하고 싶다.'는 감정이 들게 하였다.

특히 바움 플라워는 기존 꽃집들과는 달리 네이버 플레이스를 적극적으로 활용하는 전략을 펼쳤다. 매장 사진, 후기, 정보 등을 세심하게 관리하면서 '가보고 싶은 감성 공간'이라는 인식을 플레이스 안에서 먼저 형성한 것이다. 이러한 디지털 접점 관리는 실제 방문으로 이어지는 흐름을 자연스럽게 만들어주었고, 온라인에서의 발견이 오프라인 경험으로 연결되는 브랜드 동선을 구축하는 데 큰 역할을 했다.

두 번째는 레드 오션 안에서 블루 오션을 만드는 것이다. 즉, 기존에 있는 시장에서 새로운 시장을 찾아야 한다. 예를 들어 기존 시장이 '비건 빵을 판매하는 베어커리'였다면, 새로운 시장은 '비건 빵 판매와 함께 건강 상담을 제공하는 웰니스 베이커리'가 될 수 있다. 만약 당신이 캔들 공방을 운영 중이라면 수많은 경쟁 업체와 똑같이 핸드메이드 캔들만 판매하는 것이 아니라 '캔들 판매 및 몰드 개발, 새로운 기법을 연구하는 교육 기관'으로 방향성을 잡을 수 있다. 이처럼 스몰 브랜드는 '더 저렴한 제품'이 아니라 '더 특별한 경험'을 제공해야 한다.

세 번째는 스토리텔링을 통해 고객과 감정적으로 연결되는 것이다. 고객은 종종 제품 자체가 아니라 그 제품이 담고 있는 이야기를 기억한다.

어떤 지역 농장에서는 블루베리를 단순히 판매만 하지 않고 "아버지가 정성껏 재배한 블루베리가 너무 저렴하게 팔려 속상했다."는 이야기를 함께 전달했다. 그들은 실제로 가족 구성원을 SNS에 등장시키고, 그 사연과 정성 어린 작업 과정을 공유했다. 이야기를 접한 고객들은 단순히 블루베리를 구매하는 것이 아니라 그 정성과 마음에 공감하며 '이 농산물이 제대로 가치를 인정받았으면 좋겠다.'는 감정으로 결제하게 된다.

고객은 '무엇을 사느냐?'보다 '누구에게서 어떤 마음으로 사느냐?'에 더 큰 영향을 받는다. 제품만 있을 때보다 그 안에 '브랜드만의 진심 어린 이야기'가 담겨 있을 때, 고객은 더 깊이 연결되고 오래 기억한다.

"나는 블루베리를 파는 것이 아니다. 아버지의 정성과 자부심을 전달한다."

이런 스토리야말로 고객이 브랜드에 마음을 열게 만드는 가장 강력한 방법이다.

마지막 네 번째는 한정 판매로 희소성을 강조하는 것이다. 예를 들어 '매월 100개 한정 제작하는 수제 다이어리', '오직 크리스마스 시즌에만 판매하는 핸드메이드 오너먼트'처럼 지금이 아니면 놓친다는 희소성을 강조하여 즉시 구매를 유도하는 전략이다.

언제든 살 수 있는 제품이라는 인식이 생기면 오히려 구매 욕구가 낮아진다. 맥도날드, 스타벅스 등 여러 기업에서 시즌마다 출시하는 한정판 굿즈를 떠올려보자. 당장 나에게 필요 없더라도 그때가 아니면 구할 수 없다는 희소성이 구매 욕구를 자극한다. 한정판 제품은 단순히 '갖고 싶다.'가 아니라 '지금 사야 한다.'는 심리를 만들기 때문이다. 모두가 살 수 있는 제품은 아무도 사고 싶어 하지 않는다는 걸 기억하자.

경쟁 없이 시장을 개척하는 브랜드는 단순히 '색다른 제품'을 만드는 것이 아니라 고객이 기존 시장에서 해결하지 못한 문제를 찾아내고 감정적으로 연결되는 방식을 선택한다. 스몰 브랜드가 지금 바로 적용할 수 있는 차별화 전략을 다시 한번 정리해 보자.

1. 시장이 고객에게 충족시켜 주지 못한 문제를 찾아 해결하라.
고객들은 기존의 제품이나 서비스에서 '아쉬운 점'을 느끼고 있다. 이를 해결하는 것이 곧 차별화가 된다.

기존 시장의 문제	차별화 전략
플라워 클래스 후 꽃이 시든다.	꽃을 보존하는 '리부케 클래스' 연계
향수가 취향에 맞지 않는다.	나만의 향을 블렌딩하는 맞춤 조향 클래스 운영

2. 브랜드의 스토리를 만들라.

고객들은 제품이 아니라 '그 제품이 가진 의미'를 구매한다. 브랜드가 전하고 싶은 메시지를 명확히 정의하자.

상품	브랜드 메시지
에코 백	환경을 생각하는 사람들의 작은 움직임
노트	당신의 하루를 기록하는 작은 쉼표

3. 고객과 감정적으로 연결될 수 있는 요소를 추가하라.

브랜드는 판매자가 아니라 고객과 '가치를 공유하는 존재'가 되어야 한다. 그러기 위해선 고객이 브랜드를 보고 감정적으로 공감할 수 있도록 설계해야 한다.

감정적 연결 요소	기대 효과
고객이 원하는 문구 각인	'이 제품은 오직 당신을 위한 것'이라는 감성 전달
꽃다발과 함께 꽃말 카드 동봉	'이 꽃이 가진 이야기'를 함께 전달하여 브랜드 경험 강화

4. 희소성을 강조하라.

모두가 쉽게 살 수 있는 제품이 아니라는 희소성과 더불어 '지금이 아니면 안 되는' 긴급성을 제시해야 한다.

희소성	강조 문구
한정판 소량 제작	이 쿠키는 매일 10개만 판매합니다.
시즌 한정 디자인	이번 봄 시즌에만 만나볼 수 있습니다.

이처럼 차별화는 단순히 디자인이나 기능을 바꾼다고 생기는 게 아니다. 브랜드가 고객과 소통하는 방식, 제품을 바라보는 관점 자체를 변화시키는 것이 차별화 전략의 핵심이다. 스몰 브랜드에게 차별화는 선택이 아니라 필수다. 자본도 없고, 대규모 마

케팅도 할 수 없는 1인 브랜드일수록 나만의 감성과 철학을 담아야 한다.

'대기업과 싸우지 말고 새로운 시장을 개척하라.'
'비슷한 브랜드가 아니라 오직 하나뿐인 브랜드가 되라.'
'경쟁하는 브랜드가 아니라 고객이 찾아오는 브랜드가 되라.'

"당신의 브랜드는 무엇이 다른가? 고객이 굳이 당신을 선택해야 하는 이유는 무엇인가?"

이 질문에 대한 답을 찾는 순간, 당신의 브랜드는 더 이상 경쟁하지 않아도 되는 '단 하나의 브랜드'가 될 것이다.

하지만 차별화를 이루는 것만으로 브랜드 운영이 끝나는 것은 아니다. 차별화된 브랜드를 만들었다면, 다음 과제는 그 브랜드를 지속 가능하게 운영하는 것이다. 단 하나뿐인 브랜드가 되었다고 해도 고객을 직접 상대하다 보면 CS(Customer Service; 고객 서비스 또는 고객 응대) 문제를 어떻게 해결해야 할지 고민하는 순간이 온다. 브랜드가 성장하면서 혼자 감당하기 어려워지는 순간이 찾아오고, '이제 직원을 고용해야 할까?'라는 고민을 하게 된다. 그리고 어느 순간, '내 브랜드가 해외에서도 통할까?'라는 생각이 머릿속을 맴돌기 시작한다.

브랜드를 차별화하는 것이 '성장'의 전략이라면, 그 브랜드를 운영하며 지속적인 기회를 만들고, 위기를 관리하는 것은 '유지'의 전략이다. S.O.L.I.D 공식이 브랜드를 성장시키는 로드맵이라면, 실제 운영 과정에서는 또 다른 현실적인 고민들이 따라온다.

다음 파트에서는 브랜드를 운영하며 누구나 마주하게 되는 현실적인 문제들을 하나씩 살펴보자.

PART 3

브랜드가 커지면 생기는 일들

밤 12시, 고객에게서 온 연락

제품이 아무리 훌륭해도 고객 응대가 엉망이라면 브랜드의 이미지는 단숨에 무너질 수 있다. 고객 경험은 단순히 제품 사용에서 끝나는 것이 아니라, 고객이 브랜드와 소통하는 모든 과정에서 만들어진다. 특히 작은 브랜드일수록 고객과의 신뢰가 곧 생명력이다.

나는 브랜드를 운영하며 수많은 고객 응대 상황을 겪었다. 그리고 깨달았다. 문제 발생 여부가 아니라 문제 발생 후 브랜드가 어떻게 대응하는지가 고객의 신뢰를 결정한다는 것을. 내가 실제 경험했던 3가지 CS 사례를 통해 위기 대처 능력의 중요성과 해결 방법을 이야기해 보겠다.

"아직도 완성 안 됐나요?"

밤 12시, 사전에 제작 기간을 안내해 드렸는데도 한 고객이 초조한 마음에 연락을 했다.

"아직도 완성 안 됐나요?"

주문 제작 상품이란 특성상 제작 기간이 짧게는 2개월, 길면 3개월까지 소요되기 때문에 고객의 마음을 충분히 이해한다. 하지만 이렇게 늦은 시간에 연락을 했을 때에는 24시간 응대할 수 없음을 명확히 해야 한다. 그래서 나는 "고객님 안녕하세요! 주문하신 제품은 현재 작업 대기 중으로, 다음 주부터 제작 진행될 예정입니다. 추가로 궁금하신 사항은 영업시간 중 답변드리겠습니다."라는 답변을 보냈다.

이러한 상황을 방지하기 위해서는 주문 전 제작 기간 및 응대 가능 시간을 명확히 안내해야 한다. 또한 주문 확인 메시지를 통해 제작 과정 및 예상 일정 안내를 할 수도 있다. 영업시간 외 문의에 대해 반드시 즉각적인 답변을 할 필요는 없지만, 기본적인 응대 메시지만 보내도 신뢰도가 높아질 수 있다. 하지만 브랜드 운영자의 '일과 삶의 균형'을 위해서는 네이버 스마트스토어, 카카오톡 비즈니스 계정 등을 활용해 영업시간 외 문의가 오면 자동 응답 메시지가 발송되도록 설정하는 작업도 필요하다.

"상품이 다 깨져서 왔는데요?"

5년 동안 단 한 건의 배송 사고도 없었지만, 처음으로 고객에게 완전히 산산조각 난 제품이 전달됐다. 고객은 실망과 화가 뒤섞인 상태였다.

"어떻게 하실 거예요? 지금 제품 다 산산조각 났어요."
머릿속으로는 택배 기사의 과실을 가장 먼저 떠올렸지만 고객에게는 어떠한 이야기도 하지 않았다. 대신 "고객님, 너무 놀라셨을 것 같아요. 다치진 않으셨나요? 오래 기다려주셨는데 이런 일이 생겨 정말 죄송합니다."라고 이야기하고 해결책을 제시했다. 택배사의 과실일 경우에는 택배사 측에 보상을 요청하면 되지만 기간이 오래 소요된다. 화가 난 고객은 이 과정을 기다려줄 여유가 없다. 또한 고객의 입장에서는 책임을 회피하려는 모습으로 비춰질 수 있기 때문에 나는 새 제품을 다시 제작하여 발송해 드리기로 했다. 몇만 원을 이득 보려다가 고객의 신뢰를 잃는 것보다, 빠른 해결을 통해 신뢰를 얻는 편을 선택한 것이다.

그러자 고객의 목소리는 한층 차분해졌고, 빠르게 대처해 주셔서 감사하다는 메시지를 남겼다. 새 제품이 발송된 이후에는 "고객님, 택배는 잘 받아보셨나요? 앞으로 이런 일이 재발하지 않도록 포장을 더욱 강화하고 꼼꼼하게 체크하겠습니다."라는 메시지를 남기며 피드백 요청 및 보완책을 공유했다.

완벽한 제품도 중요하지만, 고객이 진정으로 원하는 것은 문제가 생겼을 때 브랜드가 어떻게 해결하는지에 대한 태도일 것이다. '실수 없는 브랜드'보다 '문제 해결을 잘하는 브랜드'가 더 강한 신뢰를 받는다.

"제가 생각한 부케 느낌이랑 다른 것 같아요."

내 마음에 쏙 드는 제품이 완성됐다. 고객도 아주 좋아할 거라는 기대감으로 완성 사진을 보냈다. 그런데 기대했던 것과는 달랐는지 이런 답변이 왔다.

"제가 생각한 부케 느낌이랑 다른 것 같아요. 꽃을 더 추가해서 느낌을 살릴 수 있을까요?"

클레임이 아닌 '피드백'이 온 것이다. 이때는 가장 먼저 고객의 기대와 다른 부분을 확인해야 한다.

"고객님, 혹시 어떤 부분이 마음에 안 드시나요?"

그러면 고객은 원하는 것을 구체적으로 제시할 것이다. 그다음은 수정 가능 여부를 솔직하게 알려드려야 한다. 나는 수정이 가능한 피드백이었기 때문에 원하시는 방향으로 보완이 진행됐고, 고객은 만족하며 상품을 픽업했다.

만약 수정이 어려운 부분을 요청했을 때에는 고객이 실망하지 않도록 하면서도 브랜드의 원칙을 지키는 것이 가장 중요하다. 예를 들어 꽃 위치를 수정할 수 없는 상황에서 "위에 있는 꽃 위치가 마음에 안 들어요. 아래로 옮길 수 있나요?"라는 피드백을 받았다면 "고객님이 생각하셨던 느낌이 충분히 전달되지 않은 것 같아 속상한 마음이에요.", "소중한 의미가 담긴 부케였을 텐데, 기대했던 이미지와 다르게 느껴지셨다면 죄송합니다." 이렇게 고객이 느끼는 감정을 먼저 인정해야 한다. 그 후 고객이 납득할 수 있도록 수정이 어려운 이유를 명확하게 설명한다.

"이 부케는 레진으로 제작해 이미 굳은 상태이기 때문에 제작이 끝난 이후에는 위치 변경이 어려운 점 양해 부탁드립니다", "이 꽃잎을 아래에 배치하면 옆에 있는 꽃이 가려지기 때문에 위에 배치하였습니다. 이미 부착이 끝난 상태여서 추가 수정이 어려운 점 양해 부탁드립니다."

이처럼 고객이 '아, 이건 정말 수정이 어려운 부분이구나.'라고 납득할 수 있도록 논리적으로 설명하는 것이다. 마지막으로, 수정은 어렵지만 '브랜드가 나를 끝까지 배려하고 있구나.'라는 느낌을 주기 위해서는 안 된다는 말만 반복하기보다는 "다음에 또 주문해 주신다면 원하시는 색감과 스타일을 미리 조정하여 맞춰 드리겠습니다.", "위치 변경은 어렵지만, 대신 패키지를 업그레이드하여 준비해 드리겠습니다." 등의 대안을 제시해야 한다.

이러한 문제 발생 시 대응 가이드라인을 미리 만들어둔다면 고객 응대 부담을 줄이고 빠른 대응도 가능할 것이다.

한 번쯤 이런 경험을 했을 것이다. 열심히 만든 제품이 고객의 기대와 조금 다를 때, 예상치 못한 문제가 발생했을 때, 그리고 어떻게든 해결하려 했지만 오히려 더 어려운 상황이 되어버렸을 때. 이럴 때마다 브랜드 운영자는 고민에 빠진다. '어떻게 하면 고객과 신뢰를 잃지 않으면서 현명하게 대응할 수 있을까?' 고객 응대에서 흔들리지 않는 브랜드가 되려면 CS 위기 대처 능력을 키우는 3가지 원칙을 기억해야 한다.

CS 원칙	핵심 메시지
고객의 감정을 먼저 읽어라	문제의 핵심은 '제품'이 아닌 '기대와 다른 경험'
문제 해결보다 해결하는 태도가 중요하다	변명보다는 신속한 대안 제시
예방 시스템을 만들라	예상치 못한 문제를 줄이기 위해 사전 공지 강화

고객 응대는 단순한 문제 해결이 아니다. 브랜드의 신뢰를 만들고, 고객과의 관계를 형성하며, 다시 찾고 싶어지는 브랜드를 만드는 과정이다. 문제가 없는 브랜드는 없다. 중요한 것은 문제가 발생했을 때 브랜드가 어떤 태도로 대응하는가 하는 것이다. 고객이 겪은 불편을 빠르고 성의 있게 해결해 주는 브랜드는 오히려 더 강한 신뢰를 얻는다.

CS가 좋은 브랜드는 다음과 같은 특징이 있다.

- 고객이 문제를 제기했을 때 신속하고 친절하게 대응한다.
- 단순히 제품을 판매하는 게 아니라 고객과의 신뢰를 형성한다.
- 위기를 기회로 바꾸어 더 강한 충성 고객을 만든다.

결국 CS가 좋은 브랜드는 위기 속에서도 더 성장하고, 고객에게 오래 기억된다. 고객과 브랜드가 신뢰로 연결될 때 진짜 팬이 만들어진다. CS는 단순한 응대가 아니다. 브랜드의 가치를 증명하는 과정이라는 것을 기억하자.

직원을 고용해야 하는 타이밍

'지금 직원을 고용해야 할까, 아직은 혼자 할 수 있을까?'
'나보다 내 브랜드를 잘 이해하는 사람이 있을까?'
'직원을 고용하면 비용이 부담인데……. 아직 혼자 할 수 있지 않을까?'
스몰 브랜드를 운영하는 사람이라면 누구나 한 번쯤 고민해 봤을 사항이다. 처음 창업을 했을 때, 나는 모든 일을 직접 하는 게 당연하다고 생각했다. 고객 응대부터 제품 제작, 포장, 배송, SNS 운영, 심지어 세무 업무까지.
하지만 시간이 지나면서 깨달았다. 혼자 모든 걸 감당하는 것이 능사가 아니라는 걸. 성장을 위해서는 더 중요한 일에 집중할 시간이 필요했다. 하지만 혼자서 모든 걸 감당하다 보니 정작 브랜드를 키울 아이디어를 고민할 시간도, 새로운 기회를 잡을 여유도 없었다. 그렇게 5년 동안 혼자 브랜드를 운영하던 나는, 결국 6년 차에 처음으로 직원을 고용했다. 고용을 결정하기까지 많은 고민을 했지만, 결과적으로 직원을 고용한 것은 '비용'이 아니라 '미래를 위한 투자'였다.

그렇다면 스몰 브랜드 운영자는 언제 직원 고용을 고민해야 할까? 혼자서 운영하는 것과 직원을 고용하는 것, 그 경계선은 어디일까?

혼자서 할 수 있는 일에는 한계가 있다

처음에는 당연히 혼자 운영하는 게 맞다고 생각했다. 하지만 브랜드가 성장할수록 점점 한계를 마주하게 됐다. 가장 크게 다가왔던 문제는, 시간이 부족해서 더 중요한 일에 집중하지 못한다는 것이었다. 하루 종일 고객 문의 답변, 제작, 배송, SNS 관리 등을 하다 보면 하루가 순식간에 지나갔다. 브랜드를 성장시킬 기획이나 새로운 제품 개발에 쓸 시간이 아예 없었다.

그렇다 보니 브랜드의 성장 속도가 느려졌다. 제품 퀄리티는 유지할 수 있었지만, 새로운 도전을 할 여유가 없었기 때문이다. 나와 비슷한 시기에 창업한 지인은 이미 팀을 꾸려 빠르게 성장하고 있는 모습을 보고 위기감이 느껴졌다. 혁신적인 아이디어가 떠올라도 그걸 실행할 시간이 없어 조급해지기만 했다. 매일 반복되는 작업, 밤 늦게까지 이어지는 고객 응대에 나는 점점 지쳐갔다. 주말도 없이 일하면서도 크게 늘어나지 않는 매출을 보며 회의감이 들기도 했다. 처음에는 직원을 고용하지 않는 것이 비용을 절감하는 것처럼 보였지만, 사실은 브랜드의 성장을 막는 가장 큰 요소였던 것이다.

직원 고용을 결심한 순간

내가 직원을 고용해야겠다고 결심한 순간은, '내가 반드시 해야만 하는 일'과 '내가 아니어도 되는 일'을 노트에 적어 구분했을 때였다. 브랜드를 운영하다 보면 반복적인 업무가 많다는 걸 깨닫게 된다. 예를 들어 고객 문의에 답변하는 일이나 포장 및 배송, 상품 제작 등이다. 이런 업무를 직원이 해준다면 나는 더 중요한 일에 집중할 수 있겠다는 생각이 들었다.

이런 순간도 있었다. 매출이 늘고, 중요한 프로젝트는 많아지는데 업무 처리 속도가 한계에 도달했을 때였다. 머릿속은 이미 과부하 상태여서 업무 우선순위를 정할 수 없었다. 닥치는 대로 일을 처리하는 내 모습을 보고 '이제는 직원이 없으면 오히려 성장의 기회를 놓치겠구나.'라는 생각이 들었다.

직원을 고용해야 하는 타이밍

직원을 고용해야겠다는 결심은 했지만 '언제, 어떤 기준으로 고용해야 할까?'라는 새로운 고민이 시작됐다. 무조건 고용한다고 해서 해결되는 것도 아니고, 너무 늦어지면 성장의 기회를 놓칠 수도 있다. 그렇다면 스몰 브랜드가 직원을 고용해야 하는 타이밍은 언제일까?

1. 브랜드가 성장할 기회를 맞이했을 때이다.
더 많은 주문, 새로운 프로젝트, 협업 요청이 들어오지만 혼자서는 감당할 수 없을 때. 내가 하던 반복적인 업무를 대신해 줄 직원을 고용해야 한다. 그렇지 않으면 브랜드의 성장은 가로막히게 될 것이다.

2. 내가 아니어도 되는 일을 구분할 수 있어야 한다.
이때 중요한 것은 머릿속으로 막연하게 생각만 하는 것이 아니라 컴퓨터나 노트에 직접 적어보며 정리를 해야 한다는 것이다. 나도 막연하게 생각만 할 때에는 결국 '그래, 내가 다 해야지.'라고 생각했던 일들이 노트에 정리하며 명확하게 구분되었다. 생각만 하는 것과 글로 정리하여 눈으로 보는 것은 다르다.

3. 체력적·정신적으로 한계를 느낄 때이다.

지속성 있는 브랜드를 운영하기 위해 가장 중요한 건 바로 운영자의 건강이다. 만약 당신이 체력적·정신적으로 더 이상 버티기 힘들 만큼 한계에 도달해 있다면 '나를 위한 투자'라고 생각하고 직원을 고용해 보길 바란다.

직원 고용은 비용 부담이 아닌 '성장을 위한 투자'이다. 혼자 할 수 있는 한계를 넘어서야 브랜드도 성장할 수 있다.

직원을 고용할 때 고려해야 할 3가지

직원을 고용한다고 해서 모든 문제가 해결되는 것은 아니다. 오히려 준비 없이 고용하면 예상치 못한 문제들이 발생할 수도 있다. 첫 직원을 고용하는 순간, 브랜드 운영 방식은 완전히 달라진다. 단순히 한 사람을 추가하는 것이 아니라 브랜드를 함께 만들어갈 팀을 꾸리는 과정이기 때문이다. 나는 직원을 고용하기 전, 단순히 '도움을 받을 사람이 필요하다.'는 생각에서 벗어나야 했다. '이 사람이 우리 브랜드의 성장을 어떻게 도울 수 있을까?'를 고민해야 했기 때문이다.

그 과정에서, 첫 직원 고용을 결정할 때 반드시 고려해야 할 3가지 요소를 정리했다.

1. 첫 직원의 역할을 명확히 해야 한다.

처음 직원을 고용할 때 가장 흔히 하는 실수가 있다. '일이 많으니까 도와줄 사람이 필요해!'라는 생각으로 직원을 뽑는 것이다. 하지만 직원이 해야 할 업무가 명확하지 않으면 오히려 대표의 일이 더 많아질 수 있다.

'이 직원이 뭘 해야 하지?', '이 업무는 내가 해야 하는 걸까, 직원이 해야 하는 걸까?'

이런 고민을 계속하다 보면 직원도 혼란을 느끼고, 대표도 스트레스를 받는다. 결국 직원에게 일을 맡기기보다는 하나하나 알려주고 관리하느라 대표가 더 바빠지는 역효과가 생길 수 있다. 나는 직원을 고용하기 전에 '이 사람에게 정확히 어떤 일을 맡길 것인가?'를 구체적으로 정해야 한다는 걸 깨달았다. 예를 들어 '고객 응대 및 문의 답변, 포장 및 배송, 상품 제작' 이렇게 업무의 범위를 정해 두면 직원도 자신의 역할을 명확히 이해하고, 대표도 불필요한 혼선을 줄일 수 있을 것이다.

2. 급여가 아니라 브랜드 성장의 투자로 생각해야 한다.

직원을 고용할 때 가장 부담되는 부분은 급여다. '매달 고정 지출이 생기는 건데, 과연 감당할 수 있을까?' 이런 고민은 당연하다. 나도 같은 고민을 했다. 하지만 중요한 건 '비용'이 아니라 '투자'의 관점으로 바라보는 것이다. 직원을 고용하기 전에는 모든 일을 혼자 감당하느라 정작 브랜드를 성장시킬 핵심적인 일에는 집중하지 못했다. 하지만 직원이 맡아줄 업무가 생기면서 나는 더 큰 프로젝트를 기획하고, 새로운 도전을 할 수 있었다. 그 결과, 브랜드의 매출도 자연스럽게 증가했다. 즉, 직원의 급여는 그냥 나가는 비용이 아니라 브랜드의 성장을 가속화하는 투자였던 것이다.

이제 '내가 감당할 수 있을까?'가 아닌 '이 직원을 고용하면 브랜드가 얼마나 더 성장할 수 있을까?', '내가 이 직원 덕분에 집중할 수 있는 일은 무엇일까?'를 생각해 보자. 이 질문에 대한 답을 찾는다면 직원 고용이 단순한 비용이 아니라 브랜드의 미래를 위한 전략적 선택이라는 것을 이해할 수 있을 것이다.

3. 브랜드의 철학을 공유할 수 있는 사람을 찾아야 한다.

처음 직원을 고용할 때, 나는 '일을 잘하는 사람'이 가장 중요한 조건이라고 생각했다. 하지만 직원과 함께 일하면서 깨달았다.

기술보다 중요한 것은, 브랜드의 감성과 가치를 이해하는 사람이라는 사실이다. 브랜드의 방향성을 이해하고 함께 성장할 의지가 있는 사람, 단순히 '월급을 받는 직원'이 아니라 '브랜드의 일원'으로 일할 수 있는 사람. 이런 사람과 함께해야 '진짜 팀'이 될 수 있다. 직원은 단순히 '일을 해주는 사람'이 아니라 브랜드를 함께 만들어가는 사람이다. 그렇기 때문에 기술보다도 브랜드에 대한 애정과 책임감을 가진 사람을 찾는 것이 더 중요하다.

나는 '조금만 더 버텨보자.'는 생각으로 5년 동안 혼자 브랜드를 꾸렸다. 직원을 고용하는 것은 비용 부담이 크고, 오히려 일이 더 복잡해질 것 같다는 걱정도 있었기 때문이다. 직원이 필요하다는 사실을 깨닫기까지 시간이 걸렸고, 그 사이 놓쳐버린 기회들도 있었다. 결국 창업 6년 차가 되었을 때 직원을 고용했다. 오래 고민한 시간이 무색하게 이유는 단순했다. 브랜드를 키우기 위해서였다. 혼자 할 수 있는 일에는 분명 한계가 있었기 때문이다.

현재는 직원이 여러 업무를 맡아주는 덕분에 나는 더 중요한 일에 집중하고, 새로운 프로젝트를 기획하며 브랜드 확장을 고민할 여유가 생겼다. 또 반복되던 업무에서 벗어나 브랜드를 한 단계 성장시킬 전략을 세울 수 있게 되었다.

혼자 브랜드를 운영하는 데 한계가 왔다면 이제는 '내가 해야 할 일'과 '직원이 맡아야 할 일'을 구분해야 할 때이다. '아직은 괜찮겠지.'라고 생각하며 버티다 보면 어느 순간 더 이상 성장이 어려운 벽에 부딪히게 된다. 브랜드가 더 크고 단단하게 성장하기 위해서는 적절한 타이밍에 팀을 만들 줄 알아야 한다.

혼자 할 수 있는 한계를 넘어서야 브랜드도 성장할 수 있다. 결국 '팀'을 만드는 것이 브랜드의 다음 단계가 아닐까.

5평 매장으로 시작해 해외까지

내 브랜드는 16.5제곱미터(5평) 남짓한 작업실에서 시작됐다. 처음에는 그 작은 공간에서 직접 만든 상품을 팔고, 수업을 진행하며 하루하루를 버텨냈다. 그렇게 꽃을 다루고, 고객과 마주하고, 콘텐츠를 만들어가면서 어느 순간 이런 생각이 들었다.

'지금 이걸로 충분한가? 다음은 어디일까?'

처음부터 해외 출강을 꿈꾼 건 아니었다. 하지만 브랜드 운영이 조금씩 안정되던 어느 날, 문득 '내가 만든 이 기술과 수업이 외국에서도 통할 수 있을까?'라는 질문이 떠올랐다. 막연한 호기심이었지만, 그 물음이 점차 구체적인 목표로 바뀌기까지는 오래 걸리지 않았다.

그 후 나는 해외 출강 전문가들을 찾아다니며 배움을 구했다. 그중에서도 가장 큰 전환점은 플라워 케이크로 세계 무대를 누비던 '루시아 케이크'의 임지희 대표를 만난 것이었다. 그가 쓴

책을 전자책으로 사서 정독하고, 긴 메시지를 써서 보냈다. 대표님처럼 해외 수강생들에게 나의 기술을 전하고 싶다고. 다행히 그는 흔쾌히 나와의 미팅을 수락했고, 나는 그 자리에서 한 문장을 들었다.

"해외에서 활동하고 싶다면 그 시장에 맞는 아이템이 있어야 해요."

돌아오는 길, 나는 그 말의 의미를 곱씹으며 바로 움직이기 시작했다. 단순히 내가 잘하는 걸 보여주는 것이 아니라 그들이 좋아할 만한 것을 만들어야 했다. 그래서 해외 문화와 취향, 트렌드를 분석하며 로컬 감성에 맞는 디자인 레퍼런스를 수집하고, 새로운 상품과 수업 구성을 고민했다. 그렇게 하나씩 디자인을 개발해 나가기 시작했다. 그리고 동시에 '내가 누구인지' 증명할 기반도 만들어야 했다. 단지 기술을 가르치는 강사가 아니라 하나의 독립된 콘텐츠와 체계를 가진 전문가로서 신뢰를 쌓기 위해 공식적인 플랫폼이 필요하다는 생각에 '국제플라워스타일리스트협회(IFSA)'를 설립했다.

IFSA는 단순한 명함용 단체가 아니다. 내가 실제로 교육하고 전수해 온 기술을 체계화하고, 그 가치를 증명할 수 있는 구조로 설계되었다. 자격증 과정 역시 단순히 인증서를 발급하는 데 그치지 않는다. 현장에서 바로 활용 가능한 디자인과 제작 노하우를 담아 실전 중심으로 구성했고, 교재는 학습자가 수업 흐름을 따라가며 스스로 사고할 수 있도록 단계별 설명과 사진, 예시까지 직접 정리했다. VOD 강의는 오프라인 수업이 어려운 해외 수강생들과 국내 수강생의 복습을 위해 제작했으며, 수업에 필요한 몰드, 재료 키트 중 핵심 구성품은 직접 디자인 개발에 참여해 디자인 등록까지 마쳤다. 시장에 있는 부자재를 조합한 것이 아니라 내 수업 방식과 기술에 최적화된 형태로 제작된 결과물이다. 나는 협회를 설립하며 단순히 강의 하나를 파는 것이 아니라 하나의 기술과 브랜드 그리고 교육 시스템 전체를 구축해 나가고자 했다.

그 기반이 완성되자, 나는 더 이상 기회를 기다리지 않았다. 이제는 먼저 움직일 차례였다. 임지희 대표의 소개로 알게 된 샌프란시스코의 E'pume studio 대표 Jenny에게 직접 제안서를 보냈고, 줌 미팅을 요청했다. 미팅을 위한 발표용 PPT도 따로 준비했다. 거기에는 내가 보유한 기술과 수업 구성, 수강생들이 얻게 될 가치, 현지에서의 수업 운영 방식 등 실제로 강의를 열었을 때 필요한 전반적인 내용을 구체적으로 담았다. 줌 미팅 당일, 나는 그 자료를 공유하며 차분하게 설명을 시작했다. 이 수업이 단순한 플라워 클래스가 아니라 감정과 추억을 오브제로 보존하는 기술이며, 한국에서 주목받고 있는 '고체 하바리움'이라는 소재와 방식이 미국에는 아직 소개되지 않았다는 점을 강조했다.

Jenny는 발표를 듣자마자 눈을 반짝이며 말했다.

"이거 너무 좋을 것 같아요. 저도 이런 쪽에 관심이 많았어요."

그리고 이어서 덧붙였다.

"이렇게까지 준비해 온 분은 처음이에요."

그 말과 함께, 샌프란시스코에서의 첫 해외 워크숍 일정이 빠르게 확정되었다.

해외 출강이 확정됐다는 안도감은 오래가지 않았다. 본격적인 준비는 이전과는 전혀 다른 세계였다. 무엇보다도 통관 문제와 국제 배송의 변수는 예상보다 훨씬 크고 현실적이었다. 수업 한 달 전, 중국에서 보낸 부자재가 샌프란시스코 세관에서 멈춰 있었다. 몇 주간 통관 심사를 받다가 결국 수업을 일주일 앞두고 반송되었다는 연락을 받았고, 새벽 두 시, 나는 무력한 채로 앉아 대체 계획을 세워야 했다. 급하게 한국에서 다시 재료를 구하고, 물류센터 부장님의 도움으로 배송을 마무리했지만, 그때 나는 확실히 배웠다. 해외 출강은 단순히 '가는 일'이 아니라 '철저한 시뮬레이션'이 필요한 프로젝트라는 걸.

첫 워크숍은 단지 기술을 전하는 자리가 아니었다. 오리건에서 비행기를 타고 온 수강생, "이런 작업은 처음 본다."며 감탄하던 사람들, 그리고 수업이 끝난 뒤 다가와 "고마웠다."고 말하던 그들의 눈빛. 나는 한국의 리부케 기술이 국경을 넘어 서로의 공감의 이끌어내는 또 다른 '언어'가 될 수 있다는 것을 그 자리에서 확신했다.

샌프란시스코 출강 이후, 나는 이 경험을 일회성 이벤트로 끝내고 싶지 않았다. 오히려 이 기회를 통해 '해외에서도 반복 가능한 구조를 만들 수 있을까?'를 고민하기 시작했다. 그리고 다시, 내가 먼저 움직였다. LA에서 플라워 숍을 운영하던 Fleurina flower 대표에게 샌프란시스코 워크숍 성료 소식을 전했고, 함께 수업을 열어보자는 제안을 건넸다. 그 역시 긍정적인 반응을 보였고, 몇 차례의 미팅 끝에 2025년 9월, 로스앤젤레스 워크숍이 확정되었다.

이번에는 첫 출강에서 겪었던 시행착오를 바탕으로 더 정밀하게 준비했다. 통관 문제를 대비해 수업일 기준 3개월 전 배송을 시작했고, 대체 가능한 현지 자재 리스트와 플랜 B를 사전에 확보했다. 현지 호스트와 공동 마케팅을 기획하고, 미국에서 통할 수 있는 이미지와 문구 중심으로 콘텐츠를 현지화했다. 수업 구성은 샌프란시스코 워크숍과 동일하게 유지했지만, 이번에는 마케팅 전략을 더 구조적이고 공격적으로 설계했다. 한국에서는 브랜드 계정뿐 아니라 스레드, 인스타그램 릴스, 수강생 후기 콘텐츠까지 유기적으로 연결해, 해외 워크숍이라는 이벤트 자체를 하나의 '스토리'로 소비자에게 각인시켰다.

이런 마케팅 전략은 실제 결과로 이어졌다. LA 워크숍은 단순한 꽃 수업이 아니라 '기억을 보존하는 경험'으로 소개되며 현지에서도 큰 관심과 기대를 불러일으켰고, 이 글을 쓰는 시점에서 수강생 모집 시작 한 달 만에 정원의 절반 이상이 채워졌다. 특히 인상적인 점은, 워크숍이 열리기도 전에 이미 다음 해 일정에 대한 문의가 들어왔다는 것이다. 결국 현지 호스트와의 논의 끝에 2026년 상반기 두 번째 LA 워크숍 개최까지 확정 지을 수 있었다. 처음엔 한 번의 도전으로 시작했던 해외 출강이, 이제는 반복 가능한 브랜드 확장 프로젝트로 자리 잡기 시작한 것이다. 그리고 그 과정을 거치며 또 하나의 확신을 얻었다.

"브랜드의 크기가 아니라 브랜드가 가진 '전달력'이 기회를 만든다."

그렇다면 작은 브랜드도 해외에 나가기 위해선 어떤 준비를 해야 할까? 나는 두 번의 출강을 통해 다음 3가지를 반드시 준비해야 한다는 걸 몸으로 배웠다.

1. 내가 누구인지 증명할 수 있는 '브랜드 정체성'을 정리하라.

해외에서 활동하고 싶다면 먼저 '내 브랜드가 무엇을 하는 브랜드인지' 명확히 정의할 수 있어야 한다. 국내에서도 아직 정체성이 모호한 브랜드가 해외에서 신뢰를 얻는 일은 불가능에 가깝다. 나는 해외 출강을 준비하면서 '내가 누구이고, 어떤 가치를 전달할 수 있는가?', '내 브랜드가 해외에서 필요한 이유는 무엇인가?' 이 질문에 대한 답을 정리하는 일부터 시작했다.

브랜드의 핵심 가치, 내가 해외에서 가질 수 있는 차별성, 해외에서 나를 필요로 하는 이유. 이 내용이 정리되지 않으면 해외 진출은 단순한 꿈으로 끝날 공산이 크다.

2. 신뢰를 얻을 수 있는 기반을 다지라.

해외에서 신뢰를 얻으려면 공신력 있는 기반이 필요하다. 나는 이를 위해 협회를 설립하고, 자격증 과정을 만들었다. 해외 기업들이 협업할 파트너를 찾을 때도 브랜드의 안정성과 지속 가능성을 가장 중요하게 본다. 이를 위해 브랜드를 '하나의 전문가 네트워크'로 만들 방법을 고민하고, 협회 설립, 자격증 과정 개발 등 브랜드의 신뢰도를 높일 수 있는 방법을 찾아야 한다. 나 또한 이러한 준비 과정이 없었다면 해외 출강 기회를 만들기 어려웠을 것이다.

3. 기회를 기다리지 말고 먼저 제안하라.

처음 해외 출강을 성사시킨 것은, 누군가가 먼저 나를 찾아와서가 아니었다. 나는 '해외 출강 전문가'를 찾아갔고, 그의 피드백을 하나도 빠짐없이 실행하며 7개월간 나에게 최적화된 시스템을 구축해 나갔다. 또한 샌프란시스코에 있는 호스트에게 내 브랜드를 적극적으로 소개하고, 출강을 제안했다. 많은 사람이 "저에게도 언젠가 그런 기회가 오겠죠?"라고 말한다. 하지만 나는 직접 경험했다. 기회는 기다리는 것이 아니라 만들어야 한다.

내가 가고 싶은 곳, 협업하고 싶은 브랜드를 직접 찾아라. 먼저 제안서를 보내고, 내가 준비되어 있다는 걸 보여주라. 그리고 해외 네트워크를 구축하는 데 주저하지 말라. 거절당하거나 답변이 오지 않을 수도 있다. 하지만 한 번의 제안이 받아들여지는 순간, 새로운 길이 열릴 것이다.

해외 출강은 처음엔 '로또 1등'처럼 막연한 꿈이었다. 영어도 못하고, 자본도 넉넉하지 않았고, 해외에서 나를 알아줄 리 없었기 때문이다. 하지만 정말 중요한 건 '할 수 있느냐?'가 아니라 '어떻게 하면 할 수 있을까?'를 고민하고 실행하는 것이다.

기회는 기다리는 것이 아니라 만들어가는 것이다. 누군가가 먼저 "해외에서 강의해 주세요."라고 말해 주길 기다렸다면 나는 아직도 작은 공간 안에서 '언젠가는'만 되뇌고 있었을 것이다. 그러나 나는 내가 가고 싶은 곳을 직접 찾아갔고, 내가 만들고 싶은 기회를 스스로 제안했다. 언어의 장벽도, 비용의 부담도, 예상치 못한 변수도 많았지만 '해외에 나가고 싶다.'는 내 의지만큼 크진 않았다.

지금, 당신도 해외에서 활동하고 싶은가? 당신의 브랜드를 글로벌 시장에 알리고 싶은가?

그렇다면 오늘, 당신의 첫 번째 행동을 시작하라. '언젠가'가 아니라 '지금부터'. 기회는 스스로 움직이는 사람에게 열린다. 그리고 그 문은, 생각보다 훨씬 가까이에 있다.

꽃을 넘어 문화로

리부케는 단지 꽃을 보존하는 기술이 아니다. 그 안에는 한 사람의 기억과 감정을 오롯이 담아내는 힘이 있다. 나는 그 가치를 말로 설명하는 것보다 직접 보여주고 싶었다. 그래서 판매도 수업도 아닌 방식, '전시'라는 새로운 프로젝트를 기획했다. 그렇게 시작된 것이, 국내 최초 리부케 전시 〈2025 히든 메모리: 리부케 특별 기획전〉이다.

어디서부터 시작해야 할지 몰랐고, 어떤 요소들을 준비해야 하는지도 막막했다. 작가 섭외, 작품 구성, 공간 연출, 홍보물 기획, 관람 동선 설계까지 모든 일을 혼자 책임져야 했기 때문에 '계획' 없이는 절대 해낼 수 없었다. 그래서 나는 전시만을 위한 3개월 프로젝트 플랜을 노션에 정리하고, 월별·주간 단위로 해야 할 일들을 구조화했다. 참여 작가 리스트, 작품 진척도, 체험 수업 일정, 소품 발주 등 머릿속에만 있던 일정을 모두 시각화하자 조금씩 실행력이 붙기 시작했다. 또한 전시의 완성도를 높이기 위해 로고와 그래픽, 안내물 디자인은 외주 디자이너와 협업했다. 브랜드 감도는 유지하면서도 디테일이 살아 있는 전시를 구현하고 싶었기 때문이다.

그렇게 단순 관람에 그치지 않고 직접 체험할 수 있는 프로그램을 기획했다. 사전 신청을 통해 소규모 체험 클래스를 함께 운영하며, 관람객들이 직접 작품을 만들어보는 경험을 더했다. 그리고 참여 작가들은 이 전시를 계기로 신진 예술인으로 정식 등록하는 성과를 만들었다. 누군가에게는 '처음으로 이름을 건 전시'가 되었고, 또 누군가에게는 '작가로 살아가는 계기'가 되었다.

"이건 단순한 드라이플라워 전시가 아니라 감정의 기록 같아요."

"꽃이 이렇게 이야기를 담을 수 있다는 걸 처음 알았어요."

관람객들의 말 한마디 한마디가 나에게 큰 울림을 주었다.

이 전시는 그 자체로 리부케의 새로운 가능성을 보여준 순간이자, '기술'이 아닌 '문화'로서 브랜드를 확장할 수 있다는 것을 확인한 계기가 되었다.

전시는 끝났지만, 이 경험을 처음부터 끝까지 직접 기획하고 실행해 보며 나 역시 크게 성장할 수 있었다. 처음이라 두려웠지만, 해보니 분명히 잡히는 원칙과 흐름이 있었다.

1. 머릿속 계획을 시각화하라.

전시는 생각보다 변수가 많고, 해야 할 일도 흩어져 있다. '어디까지 준비됐고, 지금 뭘 해야 하는지'가 한눈에 보이는 구조가 꼭 필요하다.

나는 노션에 아래 3가지 탭을 만들어 사용했다.

- 월별/주별 진행표: To-do 리스트+데드라인
- 작가별 작품 관리 시트: 작품 제목, 사이즈, 재료, 설명 등
- 준비 자재 체크리스트: 홍보물, 현장 클래스 재료 등

Tip 전시 오픈일을 기준으로 D-60, D-30, D-7 역산 일정으로 세팅하면 한결 수월하다.

2. 혼자 모든 걸 하려고 하지 말라.

전시에서 가장 큰 차이를 만드는 건 디테일이다. 현장 안내물, 배너, 초대장, SNS 홍보 콘텐츠의 퀄리티가 곧 전시의 신뢰도를 좌우한다. 브랜드의 시각적 톤이 분명할수록 전시는 '기획된 문화 경험'으로 보인다.

- 나는 전시 로고, 전시장 안내지, 포스터 등을 전문 디자이너에게 의뢰했다.

- 포토존은 플랜테리어 브랜드와 협업하여 브랜드 감도에 맞는 무드를 완성했다.

Tip 디자이너에게 전시 전체 톤, 색감·소재 예시를 정리해 미리 전달하면 수정 없이 빠르게 작업할 수 있다.

3. 참여 작가에게 '전시 이후를 준비할 도구'를 함께 제안하라.

작가는 단지 작품을 전시하는 사람이 아니라 경력을 확장하는 동료다. 단 한 번의 전시를 하더라도 그 이후에도 의미를 가질 수 있게 '공식적인 결과물'을 남겨야 한다.

- 작가별 작품 계획서를 미리 전달받아 캡션·도록 제작 후 인쇄
- 전시 전경 및 작가 개별 작품 사진 촬영 후 공유
- 신진 예술인 등록 요건을 사전에 조사해 수료 후 지원 독려

Tip 작가들에게 '이 전시를 통해 어떤 이력을 만들 수 있을지'를 먼저 안내하면 작품의 깊이도, 준비도 달라진다.

전시는 화려해 보이지만, 막상 준비해 보면 수없이 많은 보이지 않는 일들이 겹겹이 쌓여 만들어지는 결과물이라는 걸 깨닫게 된다. 처음이기에 더 막막하고, 혼자이기에 더 두려운 마음. 나 역시 그랬다. 하지만 끝까지 해냈고, 그 과정은 분명 나를 더

단단하게 성장시켰다. 그리고 한 가지는 확실히 말할 수 있다. 처음이어서 못하는 것이 아니라 처음이기 때문에 가장 용기 있게 만들 수 있다.

PART 4

SNS 없이 1인 사업을 논하지 말라

광고비 0원으로 매출을 극대화하는 법

'와, 이러다가 진짜 망하겠는데?'

창업 4년 만에 드디어 월 매출 2,000만 원을 바라보고 있던 시점에 내가 했던 생각이다. 최고 매출을 달성했으니 축하주를 들어도 부족하던 이 시점에 정말 눈앞이 깜깜해지는 사건이 발생했기 때문이다.

나는 주로 인스타그램을 통해 브랜드를 홍보해 왔는데, 2023년 6월 인스타그램 로직이 변경되면서 기존에 하던 마케팅 방법으로는 도저히 내 계정이 노출되지 않게 되었다. 그래 봐야 별일 있겠나 싶었는데 한 달 정도 지나니 곧바로 매출에 영향이 오기 시작했다. 기존과 같은 방법으로는 절대 살아남을 수 없겠다는 판단이 서면서 그 즉시 인스타그램을 공부했다.

이전에는 '내가 사장이니까 내 마음대로 할 거야.'라는 마인드로 운영했지만 이때 처음으로 알게 된 새로운 방법들을 적용했더니 거짓말 같은 일이 일어났다. 단 한 달 사이에 매출은 3배 이상 오르고, 팔로워가 5,500명 이상 상승한 것이다. 나는 이때 처음으로 '내 인생이 변할 수도 있겠다.'라는 생각을 했다.

그때 알게 된 '마케팅의 진짜 시작점'은 내 브랜드를 성장시키는 데 있어 가장 강력한 무기가 되었고, 그 구체적인 방법들은 이 책 속에서 하나씩 풀어보려 한다.

그리고 나는 그 변화에 안주하지 않기 위해, 그때부터 사업자 모임에도 종종 나가기 시작했다. 그곳에서 예비 사업자부터 수백억 원대 규모의 사업가들까지 다양한 사람을 만났는데, 그중에 내가 특히 반가웠던 건 나처럼 1인(또는 소규모) 사업장을 운영하고 있는 분들이었다.

업종은 다양하지만 이야기를 나눠보면 공통 화두로 떠오르는 것은 언제나 '소셜 미디어(Social Networking Service·SNS)를 어떻게 활용할 것인가?'였다. SNS로 인생이 변할 수도 있는 전환점을 맞이한 나에게는 더할 나위 없이 반가운 주제였다.

그런데 SNS를 잘 활용하는 방법에 대해 이야기하다 보면 반드시 퍼스널 브랜딩(Personal Branding)으로 연결되었다. 누군가는 "'사업'을 운영하는데 '퍼스널' 브랜딩이 왜 필요해?"라는 의문이 들 수 있다. 하지만 퍼스널 브랜딩은 개인을 하나의 브랜드로 보기 때문에 개인의 꿈, 철학, 비전과 가치 등을 명확히 해서 시장에서 자신을 효과적으로 알리고 포지셔닝 할 수 있는 하나의 전략이다. 내가 나의 브랜드 그 자체가 되는 것이다.

나는 이 전략이 특히 작은 규모의 브랜드에게 특히 중요하다고 생각한다. 아직도 퍼스널 브랜딩의 중요성에 대해 감이 잘 안 온다면 아래의 사례를 살펴보자.

앞치마·홈웨어 브랜드 '드브르베'

20대의 젊은 대표가 집에서 직접 앞치마를 만들어 판매하기 시작했다. 처음에는 여느 앞치마와 크게 다르지 않아 주목받지 못했지만, 어느 날 평소와는 전혀 다른 고급스러운 패턴의 앞치마를 출시하면서 전환점이 찾아왔다.

만약 그 대표가 그 앞치마를 단순히 예쁘게 촬영해 사진으로만 올렸다면, 아마 다른 앞치마들처럼 조용히 묻혔을지도 모른다. 하지만 이 시점부터 새로운 방식으로 마케팅을 펼쳤는데, 집에서 후줄근한 차림으로 있던 주부가 드브르베의 앞치마를 착용한 순간 고급스럽고 우아한 이미지로 변신하는 모습을 Before & After 릴스 영상으로 보여준 것이다.

거울 앞에서 휴대폰으로 간단히 촬영한 3초짜리 릴스 한 편이 놀라운 임팩트를 만들어냈다. 그 짧은 영상은 1년이 지난 지금도 선명하게 기억에 남을 정도다.

이 콘텐츠를 시작으로, 드브르베는 결혼 이후 자신의 라이프 스타일에 감성적인 만족감을 원하는 20~30대 여성들의 마음을 사로잡기 시작했다. 이후에는 신제품 출시나 플랫폼 입점 과정을 콘텐츠로 공유하고, 고객의 참여를 유도하는 방식으로 브랜드와의 연결을 강화했다. 그 결과, '명품 앞치마', '프리미엄 앞치마'라는 인식을 고객에게 심어줄 수 있었다. 또한 "이 앞치마에 어울리는 홈웨어도 출시해 주세요."라는 고객의 요청에 응답하며 홈웨어 카테고리를 새롭게 열었고, 이후 키즈 앞치마, 파우치 등 다양한 제품군으로 확장해 나갔다.

이처럼 퍼스널 브랜딩은 자신만의 고유한 가치를 전달하고 신뢰를 쌓는 과정이기 때문에 사업자에게 반드시 필요한 하나의 기술로 자리 잡았다. 특히 각 사업 분야에 맞는 적절한 전략과 도구를 활용하는 것이 중요한데, 여기에서 내가 말하는 도구란 SNS를 의미한다. 우리가 흔히 알고 있는 SNS에는 인스타그램, 페이스북, 틱톡 등이 있다. 이를 효과적으로 사용하며 자신을 브랜딩하는 사람만이 새로운 기회를 창출할 수 있을 것이다.

어떤 플랫폼부터 시작해야 할지 고민된다면 나는 우선 인스타그램을 추천한다. 정보통신정책연구원(KISDI)의 보고서에 따르면, 2023년 국내 SNS 이용자의 약 48.6%가 인스타그램을 사용하고 있다. 이는 2021년 31.5%에서 17%가량 증가한 수치다. 하지만 이것보다 더 중요한 수치가 있는데 바로 인스타그램을 주로 이용하는 사람들의 연령대이다.

소비 활동을 가장 활발하게 하는 밀레니얼 세대(25~38세)의 인스타그램 점유율은 무려 57%로 절반을 뛰어넘는 높은 수치를 기록했고, X세대(39~54세) 점유율도 36.5%로 낮지 않은 수치다. 이 수치만 보더라도 인스타그램을 통해 퍼스널 브랜딩을 해야 한다는 것을 굳이 분석하지 않아도 쉽게 파악할 수 있다.

여기에서 많은 사업자가 실수하는 게 하나 있는데, 인스타그램을 내가 하고 싶은 이야기만 하면서 일기장처럼 이용한다는 점이다. 소비자들의 궁금증이나 문제점을 해결해 주는 콘텐츠를 보여주는 게 아니라 아무도 궁금해하지 않는 자신만의 이야기를 한다는 것인데, 예를 들어 브랜드 계정에 오늘 본 영화, 어제 먹은 밥, 엊그제 봤던 귀여운 고양이에 대한 감상을 올리는 식이다. 퍼스널 브랜딩을 할 때에는 개인의 비전, 가치 등을 전달하기 위해 창업에 관련된 스토리(창업을 결심한 계기, 겪었던 어려움과 해결 방안 등)을 올려야 하는 경우도 있는데 이것도 너무 과하면 오히려 독이 된다. '응, 네 얘기 안 궁금해'가 될 수 있기 때문이다.

나는 모든 SNS에 적용 가능한 '피죤 트리거(Pigeon Trigger)'라는 나만의 구조를 수강생들에게 알려주고 있다. 앞에서 이야기했던, '피죤을 팔던 낯선 남자'로부터 시작된 이론으로, 고객이 브랜드를 처음 발견하고, 관심을 갖고, 신뢰를 쌓아 결국 구매와 팬심으로 이어지는 흐름을 구조화한 것이다. 인스타그램에서도 이 구조를 이해하고 콘텐츠를 만들면 '팔리는 계정'이 될 수 있다.

소비자들은 일반적으로 한 개인이나 브랜드를 봤을 때 경계심을 갖고 의심을 한다. 처음부터 호감을 갖지는 않는다는 뜻이다. 하지만 SNS에서 어떻게 포지셔닝을 하고 어떤 장치들을 심어놓느냐에 따라 나를 차가운 시선으로 보던 고객이 나의 팬이 될 수도 있다. 이 흐름을 전략적으로 풀어낸 것이 바로 피죤 트리거다.

2025년 현재의 인스타그램은 단순한 소셜 미디어의 개념을 넘어 개인 및 브랜드를 구축할 수 있는 강력한 도구로 자리 잡았다. 본인의 작품을 시각적인 콘텐츠로 공유하여 잠재 고객에게 자연스럽게 노출시킬 수 있고, 공통의 관심사를 가진 고객들과 커뮤니티를 형성하여 정보와 경험을 공유하며 탄탄한 신뢰를 쌓을 수 있는 매개체가 되었다. 특히 인스타그램 사용자는 전 세계에 분포되어 있기 때문에 이러한 효과들은 국내에만 국한되지 않을 것이다. 이제 인스타그램을 열심히 운영할 마음이 생겼는가?

 그렇다면 강력한 마케팅 도구로 자리 잡은 인스타그램을 사업자로서 어떻게 운영하는 것이 가장 효과적일지 궁금할 것이다. 다음 장에서 피죤 트리거 이론을 통해 소비자가 나의 팬이 되어가는 과정을 5단계로 나눠 설명할 것이다. 소비자가 처음 나를 알게 되는 과정, 결국 팬으로 전환되는 과정까지 모두 알 수 있을 것이다. 한 단계씩 따라와 주길 바란다.

피죤 트리거 1단계: 발견
– 수많은 피드 속에서 '한 번 더 보게 만드는' 방법

고객이 브랜드를 알아보고, 신뢰하고, 결국 팬이 되기까지는 흐름이 있다. 나는 이 과정을 '피죤 트리거'라는 구조로 정리해 왔다. 이 책은 그 5단계를 따라 브랜드를 알리고, 기억되며, 사랑받는 구조를 만드는 방법을 풀어낸다.

그중 첫 번째는 '발견', 브랜드가 처음으로 고객 눈앞에 등장하는 순간이다. 인스타그램에서 고객이 브랜드를 발견하는 순간은 단 몇 초 만에 결정된다. 그 짧은 순간 안에 관심을 끌지 못하면 스크롤 속에 묻혀 사라지고, 한 번 지나친 브랜드는 다시 보지 않는다. 온라인에서 브랜드가 경쟁하는 환경은 생각보다 훨씬 치열하다. 인스타그램을 켜는 순간, 수백 개의 콘텐츠가 소비자의 피드에 쏟아진다. 그중에서도 눈길을 끄는 콘텐츠만이 소비자의 호기심을 자극하고, 브랜드를 기억하게 만든다.

그렇다면 인스타그램에서 브랜드가 고객에게 발견될 확률을 높이려면 어떻게 해야 할까? 단순한 노출이 아니라 고객이 멈춰서 브랜드를 보게 만드는 방법을 알아보자.

고객이 브랜드를 발견하는 경로

소비자가 인스타그램에서 브랜드를 처음 접하는 방법은 대표적으로 3가지로 나뉜다.

첫째, 고객은 인스타그램을 켜자마자 마주하게 되는 피드를 스크롤하던 중 우연히 눈에 띄는 이미지나 동영상을 통해 브랜드와 마주하게 된다. 예쁘거나, 독특하거나, 충격적이거나. 그 무엇이든 특별한 요소가 있어야 스크롤을 멈추게 할 수 있다.

둘째, 인스타그램은 사용자의 행동 패턴을 분석해 릴스, 탐색 탭에서 맞춤형 콘텐츠를 추천한다. 고객이 나의 업종과 관련된 특정 키워드를 검색하거나, 비슷한 콘텐츠를 자주 볼수록 내 브랜드가 추천될 확률이 높아진다.

셋째, 고객에게 유용하거나 공감되는 콘텐츠는 자발적으로 저장하고 공유된다. "이거 어떻게 구매해요?"라는 댓글이 달릴 만큼 입소문이 날 만한 콘텐츠를 만들어야 한다.

눈길을 끄는 콘텐츠 제작 전략

수많은 콘텐츠 속에서 브랜드가 돋보이려면 노출되는 것만이 아니라 '스크롤을 멈추게 만드는' 콘텐츠가 필요하다. 그런 콘텐츠를 제작하기 위해선 다음 3가지 전략을 알아야 한다.

1. 첫 3초 안에 시선을 사로잡는 강렬한 비주얼

인스타그램에서는 첫 화면이 곧 고객을 잡을지 말지 결정하는 요소이다. 초반 3초 안에 시각적인 임팩트를 줄 수 있는 영상을 삽입해 보자. 브랜드의 색감을 유지하면서도 눈에 띄는 대조 색상, 독특한 촬영 구도 등을 활용하면 주목도가 높아진다.

실제로 내가 A, B 릴스 두 가지로 실험을 했을 때, 같은 주제여도 첫 화면만으로 조회 수가 달라지는 걸 알 수 있었다. 바로 제작 과정을 보여주기 시작한 A는 조회 수가 13만 회에 그친 반면, 꽃이 너무 시들어 꽃잎이 후두둑 떨어지는 장면+"쫄지 마 별거 아니야"라는 문구를 추가한 B는 조회 수 384만 회를 기록했다. 무려 30배 차이였다.

2. 짧고 강렬한 한 줄의 문구

긴 설명 없이 단 한 줄의 문장만으로도 고객의 호기심을 자극할 수 있다. 내가 활용한 후킹 문구를 예시로, 가장 효과적인 후킹 문구 공식을 정리해 봤다. 이 3가지 공식만 활용해도 텍스트만으로 스크롤을 멈추게 만들 수 있을 것이다.

1. 대조형: '의미 있다 vs 돈 아깝다', '딱 하나만 고른다면? 액자 vs 유리돔'
2. 경험 공유형: '공방에 왕초보 직원이 들어오면……', '남편과 같이 일하면 좋은 점'
3. 질문형: '플로리스트 자격증 꼭 필요한가요?', '몸에 안 좋은 일 아니에요?'

3. 스토리텔링

고객은 제품이 아니라 제품이 주는 경험을 소비한다. 브랜드가 탄생한 계기, 고객 후기, 제품이 만들어지는 과정 등 공감할 수 있는 이야기를 담아야 한다. 나 같은 경우 고객에게 클레임을 받고 원만하게 해결했던 이야기를 영상에 담아 업로드했더니 "예쁘게 의견 전달해 준 고객도, 클레임이 아닌 피드백으로 받아들이고 수정해 준 사장님도 모두 멋지네요."라는 댓글이 달리며 큰 신뢰를 얻을 수 있었다. 내 브랜드를 알리는 콘텐츠가 아니라 '고객이 보고 싶어 하는 콘텐츠'가 무엇일지 고민해 보자.

내가 원하는 고객이 나를 발견하게 하려면?

브랜드를 많이 노출시키는 것보다 중요한 건, 내가 원하는 고객이 브랜드를 발견하게 만드는 것이다. 그러기 위해선 타깃 소비자가 있는 곳에서 노출을 극대화해야 한다. 내 브랜드의 주 고객층이 어떤 콘텐츠를 소비하는지 분석해 보자. 예를 들어 릴스를 활용할 때 20~30대가 타깃이라면 빠른 컷 편집, BGM 활용이 중요하고, 30~40대가 타깃이라면 저장할 만한 정보형 콘텐츠를 제작하는 것이 효과적이다. 연령대별로 소셜 미디어를 소비하는 패턴, 구매를 결정하는 패턴이 모두 다르기 때문이다.

인스타그램에서 브랜드가 고객에게 발견되는 과정은 우연이 아니다. 콘텐츠 하나를 올릴 때도 고객이 어떤 경로로 나를 발견할지 미리 설계해야 한다. 소비자가 나를 발견할 수 있는 경로를 분석하고, 그 속에서 눈에 띄는 콘텐츠를 제작하는 것이 핵심이다.

지금 바로 인스타그램 피드를 열고 아래 3가지를 점검해 보기 바란다. 앞서 살펴본 내용들을 즉시 적용한 뒤 이후 3일 동안 어떤 변화가 있는지 체크해 보자.

1. 내 콘텐츠는 첫 3초 안에 시선을 사로잡는가?
2. 후킹 문구가 충분히 강렬한가?
3. 단순한 제품 소개가 아닌 이야기가 담긴 콘텐츠인가?

브랜드를 발견한 고객이 한 번의 스크롤로 지나치지 않고, 더 많은 정보를 찾아보게 만들려면 무엇이 필요할까? 다음 장에서는 고객이 브랜드에 관심을 갖고 탐색하며 신뢰를 형성하는 과정을 살펴볼 것이다.

피존 트리거 2단계: 유입
- 프로필만 봐도 신뢰를 주는 계정 설계

고객이 브랜드를 발견한 후 가장 먼저 하는 행동은 피드를 방문하는 것이다. 하지만 피드에 들어온 고객이 바로 팔로우하거나 제품을 구매하는 것은 아니다. 브랜드가 자신에게 필요한 곳인지 확인하기 위해 탐색하는 과정을 거친다. 이 단계에서 제대로 된 정보가 제공되지 않으면 고객은 몇 초 만에 떠나버린다. 단순한 노출만으로 브랜드가 성장하지 않는 이유가 여기에 있다.

　인스타그램의 알고리즘이 내 콘텐츠를 추천해 줄 수는 있지만, 고객이 피드를 방문한 후 바로 이탈한다면 팔로우나 구매 전환으로 이어질 가능성은 희박해진다. 즉, 브랜드를 탐색하는 시간이 길어질수록 신뢰가 쌓이고, 최종적으로 브랜드와의 관계가 형성될 가능성이 높아진다.

　이제부터 고객이 브랜드 피드를 방문한 후 어떤 행동을 하며,

우리는 무엇을 준비해야 하는지 알아보자.

프로필 탐색

고객은 브랜드 피드를 방문하자마자 가장 먼저 이 계정이 어떤 브랜드인지 파악하려 한다. 이때 프로필 소개 문구가 불분명하거나 브랜드의 핵심 메시지가 전달되지 않는다면 몇 초 만에 탐색을 멈추고 떠날 가능성이 크다. 이를 보완하기 위해서는 브랜드의 정체성을 한눈에 보여주는 프로필 문구를 작성하는 것이 중요하다.

예를 들어 '창업 교육 전문 업체'는 차별성이 부족하고, 브랜드의 핵심 가치가 모호할 수 있으므로 '지속 가능한 브랜드 운영을 돕는 창업 교육'으로 기재하여 브랜드가 제공하는 가치를 명확하게 전달하는 것이 중요하다. 또한 핵심 키워드(클래스 운영, 맞춤 제작 등)를 포함하면 탐색하는 고객이 브랜드의 핵심 서비스를 한눈에 파악할 수 있을 것이다. 하지만 프로필 문구만으로 브랜드의 강점을 전달하는 데는 한계가 있다. 따라서 프로필 링크를 활용해 브랜드 소개, 인기 제품, 클래스 정보가 담긴 페이지로 유도하는 것이 효과적이다.

피드 탐색

프로필을 탐색한 고객이 두 번째로 하는 행동은 대표 콘텐츠를 빠르게 훑어보는 것이다. 이때 피드 정리가 되지 않았거나, 브랜드를 알리는 데 초점을 맞춘 홍보성 게시물이 많다면 즉시 탐색을 멈추고 떠날 것이다. 따라서 첫 화면에 보이는 3개의 콘텐츠에는 브랜드 소개(내 브랜드가 제공하는 가치), 인기 제품·서비스, 고객 후기, 제품 제작 과정 등을 배치하는 것이 좋다. 이때에는 단순히 사진을 올리는 것이 아니라 고객이 브랜드를 신뢰할 수 있는 콘텐츠를 배치해야 한다.

예를 들어 첫 번째 게시물이 '이 브랜드는 무엇을 하는 곳인지'를 보여주는 콘텐츠라면, 두 번째 게시물은 '이 브랜드가 어떤 문제를 해결해 줄 수 있는지', 세 번째 게시물은 '이 브랜드가 신뢰할 만한 곳인지(고객 후기, Before & After 등)'를 보여주는 방식으로 구성하는 것이 좋다.

하이라이트 탐색

고객이 브랜드에 대해 더 깊게 알고 싶을 때 찾는 곳이 하이라이트다. 하이라이트에는 이벤트 안내, 고객 후기, 자주 묻는 질문

등을 구성하여 고객이 원하는 정보를 빠르게 습득할 수 있도록 세팅해야 한다. 하이라이트 커버 디자인도 브랜드의 통일성을 유지하는 것이 중요하다. 너무 다양한 색상과 폰트를 사용하면 브랜드의 정체성이 흐려질 수 있으므로, 브랜드 아이덴티티에 맞춘 스타일로 정리하는 것이 좋다.

브랜드를 탐색하는 과정은 고객이 브랜드에 대한 신뢰를 쌓아가는 첫걸음이다. 콘텐츠를 보고 흥미를 느꼈다고 해서, 고객이 곧바로 팔로우하거나 제품을 구매하는 것은 아니다. 그렇기 때문에 브랜드를 발견한 고객이 더 깊이 탐색할 수 있는 환경을 갖춰야 한다.

프로필 소개 문구가 불분명하거나, 피드가 정리되지 않아 브랜드의 핵심 가치를 전달하지 못한다면 고객은 몇 초 만에 탐색을 멈추고 떠나버릴 것이다. 반면 체계적으로 정리된 프로필과 피드, 하이라이트가 준비되어 있다면 고객은 브랜드에 더 오래 머물며 관심을 가지게 된다. 탐색 시간이 길어질수록 팔로우할 가능성이 높아지고, 브랜드에 대한 신뢰도가 쌓이면서 결국 구매 전환으로 이어질 확률도 높아진다.

이제 스마트폰을 들고 고객의 시선으로 내 계정을 들여다보며 다음을 체크해 보자.

- '지금 이 계정은 탐색하고 싶어질 만한 환경을 제대로 갖추고 있는가?'
- '내가 고객이라면 이 계정에 더 머물고 싶을까?'
- 만약 내가 이 계정을 처음 방문한 고객이라면 브랜드의 정체성을 단 몇 초 만에 파악할 수 있을까?
- 프로필 소개 문구를 보자. 한눈에 브랜드의 핵심 가치가 보이는가?
- 피드를 스크롤하며 살펴보자. 첫 3개의 게시물만으로도 브랜드의 강점이 전달되고 있는가?
- 하이라이트를 눌러보자. 고객이 가장 궁금해할 정보가 쉽게 정리되어 있는가?

작은 차이가 브랜드의 인상을 결정한다. 탐색의 과정을 전략적으로 설계할 때, 당신의 브랜드 계정은 단순한 홍보 공간이 아니라 신뢰를 쌓고 관계를 형성하는 공간이 될 것이다.

피죤 트리거 3단계: 신뢰
- 고객이 믿고 첫 결제를 하게 되는 구조

고객이 브랜드를 발견하고 피드를 탐색하며 흥미를 느꼈다 하더라도 아직 확신이 부족한 상태일 것이다. 이 단계에서 브랜드가 제공하는 무료 서비스나 저렴한 미끼 상품은 신뢰를 형성하는 강력한 역할을 한다. 처음부터 큰 금액을 지불하기에는 부담이 되지만, 부담 없는 가격이거나 무료라면 가볍게 체험해 볼 수 있기 때문이다. 이때 만족스러운 경험을 제공하면 고객은 단순한 관심을 넘어 '이 브랜드는 믿을 만하다.'는 확신의 영역으로 들어오게 된다.

"귀중한 경험과 노하우를 아낌없이 나누어 주셔서 감사합니다. 지금까지 제가 해왔던 것들을 돌아볼 수 있는 계기가 되었습니다." - 무료 전자책 후기 중에서

고객으로부터 이런 이야기를 들을 때마다 나는 단순히 판매를

하는 것이 아니라 고객의 전환점을 설계하는 사람이라는 사실을 다시 떠올린다. 이 경험의 순간을 제대로 설계하지 못하면 고객은 브랜드를 한 번 경험한 뒤 떠나버릴 확률이 높다. 반대로 좋은 경험을 한 고객은 자연스럽게 다음 단계, 즉 구매나 재방문으로 이동하게 된다.

브랜드 신뢰를 형성하려면 어떤 무료 서비스와 미끼 상품이 효과적일까? 그리고 고객이 한 번의 체험에서 멈추지 않고 자연스럽게 다음 단계로 이어지도록 하려면 무엇이 필요할까?

무료 서비스 vs 미끼 상품

브랜드와의 신뢰는 단순한 관심에서 시작해, 직접 경험하는 과정을 거치며 형성된다. 고객이 브랜드를 체험하면서 신뢰를 쌓을 수 있도록 만드는 방법은 크게 두 가지다.

1. 무료 서비스

무료 서비스는 고객이 리스크 없이 브랜드를 경험하게 만드는 요소이다. 이를 통해 고객은 부담 없이 브랜드를 이해하고 친숙함을 느끼게 된다. 이 과정에서 만족도를 느낀 고객은 브랜드에 대해 긍정적인 감정을 형성하게 된다.

업종	무료 서비스 예시
꽃집	DIY 꽃꽂이 온라인 줌 클래스
캔들 공방	홈 인테리어 활용법 가이드북
공방 창업 컨설팅 업체	첫 번째 상담 무료 체험 제공

무료 서비스는 단순한 호의가 아니라 브랜드의 강점을 직접 경험할 기회를 제공하는 전략적인 요소여야 한다. 예를 들어 꽃집에서 제공하는 'DIY 꽃꽂이 온라인 줌 클래스'를 통해 '이 미니 클래스에서 배운 것만으로도 꽃을 더 예쁘게 보관할 수 있게 되었어.'라는 경험을 한 고객은 자연스럽게 '정식 강의도 들어보고 싶다.'는 생각을 하게 된다.

2. 미끼 상품

미끼 상품은 고객이 낮은 가격으로 브랜드의 가치를 체험할 수 있도록 설계된 제품이다. '이 가격이라면 한번 써볼 만하지.'라는 심리를 자극해, 구매의 진입 장벽을 낮추는 역할을 한다. 고객이 저렴한 가격에 만족할 만한 경험을 했다면 정가 제품으로 자연스럽게 추가 구매할 가능성이 높아진다.

업종	미끼 상품 예시
꽃집	DIY 꽃꽂이 키트
캔들 공방	베스트셀러 제품의 체험용 버전
공방 창업 컨설팅 업체	정식 강의 일부를 '체험용 클래스'로 저렴하게 제공

미끼 상품은 단순히 가격만 저렴해서는 안 된다. 브랜드의 핵심 가치를 고객이 체험할 수 있도록 설계된 제품이어야 한다. 예를 들어 캔들 공방에서 미니 샘플을 판매했을 때 '이 향 너무 좋다. 다음에는 본 상품을 구매해 봐야지.'라는 생각이 들도록 설계하는 것이 중요하다.

전략적인 세팅 방법

무료 서비스, 미끼 상품을 효과적으로 운영하려면 제품이나 서비스를 제공하는 것만으로는 부족하다. 다음과 같은 방식으로 전략적인 세팅이 진행돼야 신뢰 형성과 재구매로 이어질 가능성이 높아진다.

1. 무료 서비스는 '정보 제공'이 아닌 '실제로 활용할 수 있는 것' 이어야 한다.

무료 서비스를 제공할 때는 고객이 직접 활용할 수 있도록 가이드라인을 함께 제공하면 효과적이다. 예를 들어 DIY 꽃꽂이 클래스의 경우 '꽃 선택 가이드+관리법 PDF 파일'을 함께 제공하면 고객이 더 쉽게 브랜드를 기억할 수 있다. 이러한 전략을 통해 '이 브랜드가 제공하는 정보는 신뢰할 만하다.'라는 인식이 생기고, 이후 유료 제품이나 서비스에 대한 신뢰도가 높아질 것이다.

2. 미끼 상품은 '완성된 제품'이 아닌 '확장 가능한 제품'이어야 한다.

고객이 미끼 상품을 구매한 후 추가적인 제품이나 서비스가 필요하다고 느낄 수 있게 설계해야 한다. 예를 들어 정식 강의 일부를 '체험용 클래스'로 저렴하게 판매하더라도 그 강의를 들은 고객이 '체험용 클래스지만 정말 유용한데? 정식 강의에서는 더 많은 정보를 얻을 수 있을 것 같아.'라는 생각이 들도록 해야 한다.

무료 서비스와 미끼 상품은 고객이 브랜드를 부담 없이 경험할 수 있도록 돕는다. 하지만 신뢰가 쌓였다고 해서 반드시 구매로 이어지는 것은 아니다. 브랜드를 긍정적으로 인식하고 있음에도 구매를 망설이는 순간이 반드시 존재한다.

고객이 신뢰를 가지고 있음에도 왜 마지막 순간에 결정을 미루는 것일까?

망설이는 고객이 주저 없이 '이 브랜드를 선택해야겠다.'고 결심하도록 만들려면 어떻게 해야 할까?

다음 장에서 구매를 결정하는 마지막 과정, '브랜드가 선택받는 순간'에 대해 이야기해 보자.

피존 트리거 4단계: 구매 유도
– 망설이는 고객의 마음을 움직이는 방법

브랜드를 발견하고 탐색하며 관심을 가지게 되고, 무료 서비스나 미끼 상품을 경험하며 신뢰를 쌓았다. 그렇다면 이제 당연히 구매로 이어질까? 그렇지 않다. 실제로 전자상거래 시장에서 장바구니 이탈률은 평균 70%에 이른다(Baymard Institute 연구). 고객 10명 중 7명은 '이 제품을 사고 싶다.'며 장바구니에 담고도 최종 결제를 하지 않는다는 의미다. 이탈하는 고객이 모두 브랜드에 대한 신뢰가 부족해서 그런 것은 아니다. 가격이 적절한지 고민하거나, 구매 후 후회할까 봐 망설이거나, 지금 당장 구매해야 할 이유를 찾지 못해서 결정을 미루는 것이 원인이다.

  이 단계에서 브랜드가 해야 할 일은 단순하다. 고객이 마지막 순간까지 망설이지 않도록, 구매를 결정할 수 있는 환경을 만드는 것. 구매를 방해하는 장애물을 해결하는 순간, 브랜드는 선택받을 확률이 높아질 것이다.

이제부터 고객이 구매를 망설이는 이유 3가지와 이를 해결하는 전략을 살펴보자.

정말 이 가격을 지불할 만한 가치가 있을까?

대부분의 고객이 높은 금액 때문에 구매를 망설인다고 생각하지만, 사실 고객은 단순히 가격이 비싸다고 느끼는 게 아니라 '그만한 가치를 얻을 수 있을까?'를 고민하는 것이다. 예를 들어 비슷한 기능을 하는 두 제품이 있다고 가정해 보자. 한 제품은 3만 원, 다른 하나는 7만 원이다. 고객은 7만 원짜리가 더 비싸다는 것을 인식하지만 그 제품이 더 오래 사용 가능하다거나, 특별한 기능을 추가 제공한다거나, 실제 사용 만족도가 훨씬 높다면 그 가격을 납득할 수 있다.

결국 가격 자체의 문제가 아니라 '가격 대비 가치를 고객이 확신할 수 있느냐?'가 핵심이다. 고객에게 지불한 가격보다 더 큰 가치를 얻을 수 있다는 확신을 주기 위해서는 가격이 아닌 '가치'를 강조해야 한다. 제품 설명만이 아니라 비슷한 제품보다 어떤 점에서 더 우수한지, 고객이 이 제품을 구매하면 어떤 장점을 누릴 수 있는지 명확하게 전달하는 것이다. 예를 들어 '이 제품 하나로 당신의 소중한 부케가 1년 동안 유지됩니다', '타사 대비 2배 더 오래 타는 캔들', '재구매율 90%'와 같은 문장을 활용할 수 있다.

가치 제안을 통해 구매 전환율을 높인 사례를 살펴보자. 라이프스타일 스포츠 브랜드인 '밸롭(BALLOP)'은 고객들에게 '최상의 편안함과 자유로움'을 제공하는 신발을 선보였다. 특히 자체 개발한 미드솔과 인솔을 통해 경량화와 쿠션감을 극대화하여 '편안한 착화감'을 강조했다. 또한 다양한 디자인으로 남녀노소 누구나 일상에서 활용할 수 있는 워킹화를 출시하여 '데일리 슈즈'로서의 가치를 부각시켰다. 이러한 전략을 통해 고객들은 '밸롭의 신발은 편안하고 다양한 스타일에 어울리며, 일상에서 활용도가 높다.'는 인식을 가지게 되었고, 이는 구매 전환율 상승으로 이어졌다.

기대만큼 좋지 않으면 어떡하지?

고객이 구매를 망설이는 또 하나의 이유는, 온라인 시장이 활성화하면서 '직접 만져보거나 테스트해 볼 수 없다는 점'이다. 특히 고가 제품일수록 '혹시 기대만큼 좋지 않으면 어떡하지?'라는 불안감이 커진다. 만약 이러한 불안을 해소하지 못하면 고객은 결정을 미루거나 결국 구매하지 않을 가능성이 크다. 이러한 장애물을 해결하기 위해선 고객이 불안해하지 않도록 신뢰를 구축하는 요소를 강화해야 한다. 구매 고객이 직접 작성한 리뷰와 실사용 사진을 활용해 실제 후기를 강조하거나, 유명 인플루언서나 전문가의 리뷰를 통해 신뢰도를 높일 수 있다. 또는 '100% 환불 보장'과 같은 환불 정책으로 고객의 불안감을 낮출 수 있다. 이때도 환불 정책을 신뢰할 수 있게 하려면 주관적인 요소가 아니라 명확한 기준이 필요하다. '마음에 안 들면'보다는 '최초 안내한 제작 기간을 어길 시 100% 환불' 같은 기준이 효과적이다.

온라인 쇼핑몰 맞춤 영상 콘텐츠를 제작하는 '머니콘텐츠'의 경우에는 '리뉴얼 직후 한 달 동안 전년 동일 기간 매출보다 낮아지면 100% 환불 또는 매출이 상승될 때까지 지속적으로 관리해 주는 정책'을 시행했다. 이러한 정책은 고객 만족도를 높이고, 신뢰를 구축하는 데 기여할 수 있다.

지금 사야 할 이유가 있을까?

고객이 제품을 사고 싶지만 '나중에 사도 되잖아.'라는 생각을 하면 결국 구매를 미루게 된다. 즉 '지금 바로 사야 하는 이유'가 없으면 고객은 결정을 계속 미루다가 브랜드를 잊어버릴 가능성이 크다. 따라서 고객이 구매를 미루지 않도록 즉시 행동을 요구하는 문장을 활용해야 한다.

전략 유형	적용 방식	예시 문구
한정 혜택 제공	특정 기간 동안만 제공되는 혜택을 강조하여 즉시 구매를 유도	"이번 주까지만 무료 배송" "한정 수량 100개 판매"
희소성 강조	제품의 가치를 높이고, 나중에 구매하면 기회를 놓칠 수 있음을 알림	"이 제품은 곧 품절됩니다." "마지막 재입고입니다."
첫 구매 고객 혜택	신규 고객이 구매할 동기를 제공하여 브랜드 경험을 유도	"첫 구매 시 10% 할인" "지금 가입하면 쿠폰 지급"

나는 취미반부터 창업 교육, 컨설팅까지 다양한 강의를 운영해 왔는데 '2, 3월 수강생 모집'이라는 홍보 문구를 사용했을 때보다 '3일 동안만 할인가 제공', '선착순 10명 모집 후 마감'이라는 문구를 사용했을 때 매출이 3배 이상 증가했다. 즉, 고객이 '지금이 아니면 기회를 놓칠 수 있다.'는 인식을 가지면 구매를 즉시 결정할 가능성이 높아진다.

구매는 단순한 행동이 아니라 고객이 브랜드를 선택하는 순간이다. 그러나 많은 브랜드가 이 마지막 순간을 간과한 채 제품을 소개하는 것에 그친다. 브랜드가 선택을 받으려면 고객이 결정을 망설이는 이유를 미리 예상하고 해결해야 한다.

- 가격이 부담스럽다면 가격이 아니라 가치를 강조하라.
- 후회할까 봐 걱정된다면 구매 후 만족할 것이라는 확신을 주라.
- 나중에 사도 된다고 생각한다면 지금 사야 할 이유를 만들라.

이 모든 과정을 설계한 브랜드는 결국 '고객이 선택하는 브랜드'가 된다. 하지만 진짜 브랜드의 힘은 한 번의 구매로 끝나지 않고 재구매로 이어지는 고객, 바로 팬을 만드는 것이다.

구매한 고객이 다시 찾고, 브랜드를 자발적으로 홍보하는 팬이 되게 하려면 무엇이 필요할까? 일회성 소비자를 넘어 브랜드의 팬으로 만드는 과정, 그리고 재구매와 추천으로 이어지는 브랜드 성장 전략을 살펴보자.

피존 트리거 5단계: 팬으로 전환
- 자발적으로 다시 찾아오는 구조 만들기

브랜드의 성장은 단순히 새로운 고객을 끌어들이는 것만으로 이루어지지 않는다. 진짜 성장은 기존 고객이 브랜드를 반복적으로 찾고, 자발적으로 홍보하는 순간부터 시작된다. 고객이 한 번 구매했다고 해서 브랜드를 다시 찾는 것은 아니다. 구매 후 만족했더라도, 브랜드가 고객과 관계를 지속적으로 유지하지 않는다면 고객은 쉽게 브랜드를 잊어버린다. 따라서 소비자가 아닌 브랜드의 팬으로 만드는 과정이 필요하다.

    마켓컬리의 '퍼플 멤버십' 프로그램을 살펴보자. 단순히 할인 쿠폰을 주는 것이 아니라 구매 빈도와 등급에 따라 배송, 적립, 전용 혜택 등 '컬리 회원만의 쇼핑 경험'을 제공하며 고객과의 관계를 강화하고 있다. 이처럼 고객에게 혜택 이상의 '소속감'과 '우대받는 경험'을 제공하는 시스템은 브랜드를 단순한 쇼핑 플랫폼이 아니라 '내가 소속된 공간'으로 느끼게 만든다.

브랜드는 소비자가 제품을 사용하는 것을 넘어 브랜드와 연결된 경험을 갖도록 만들 때 팬을 만들어낼 수 있다. 그렇다면 한 번 구매한 고객이 브랜드의 팬이 되도록 만들려면 어떻게 해야 할까?

고객이 브랜드에 '애착'을 가질 이유가 있어야 한다

고객은 브랜드 자체에 감정적으로 연결될 때 팬이 된다. 제품이 아닌 브랜드 자체에 애착을 느낄 수 있도록 브랜드의 가치를 경험하게 해야 한다. 예를 들어 당신이 꽃집을 운영하고 있다면 매년 고객의 결혼기념일에 맞춰 리마인드 메시지를 발송해 '이 브랜드는 우리의 소중한 순간을 기억해 주는 곳'이라는 인식을 심어주며 재구매율을 높일 수 있을 것이다. 이처럼 개인화된 경험을 제공했을 때 고객은 브랜드에 대한 애착이 깊어진다.

고객이 브랜드와 '소통'할 수 있어야 한다

고객은 제품을 소비하는 것을 넘어 브랜드와 상호 작용하기를 원한다. 브랜드가 고객과 소통하는 순간, 고객은 더 이상 일회성 소비자가 아니라 브랜드의 일부가 된다. 고객과 브랜드가 감정적으로 연결되기 위한 소통 전략을 살펴보자.

1. 고객의 의견을 반영하라.

과거에는 브랜드가 제품을 기획하고 출시하면 고객은 완성된 제품을 소비하는 방식이 일반적이었다. 하지만 지금은 고객이 직접 브랜드 의사 결정에 참여할 때 더 강한 애착을 가진다.

미국의 뷰티 브랜드 글로시에(Glossier)는 고객과 소통하며 제품을 개발하는 전략을 활용했다. SNS에서 '완벽한 스킨케어 제품이란?'이라는 질문을 던졌고, 많은 소비자가 '지속적인 촉촉함'과 '자연스러운 광택'을 원한다는 의견을 보였다. 이를 반영해 출시된 제품이 '퓨처듀(Futuredew)'로, 출시 직후 빠르게 품절되며 높은 인기를 끌었다. 고객들은 '내가 만든 제품'이라는 느낌을 받으며 브랜드에 대한 애착이 깊어졌다.

브랜드가 고객의 의견을 반영하는 순간, 제품은 단순한 상품이 아니라 '고객과 함께 만든 결과물'이 된다는 걸 보여주는 사례다.

2. 고객과의 거리를 좁히라.

브랜드와의 거리가 가깝다고 느끼는 고객일수록 충성도가 높아진다. SNS, 이메일 등 고객이 브랜드와 직접 소통할 창구가 많을

수록 브랜드를 더 친근하게 인식한다. 브랜드 공식 계정에서 고객의 게시물을 공유하며 참여를 유도한다거나, 구매 후 일정 기간이 지나면 고객에게 제품 만족도 확인 메시지를 발송하는 것이 고객과의 거리를 좁히기 위한 전략이 될 수 있다.

3. 고객이 브랜드를 공유하고 싶도록 만들라.
사람들은 브랜드를 추천할 때 단지 제품이 좋아서가 아니라 추천하는 행위 자체가 가치 있다고 느껴질 때 공유한다. 즉, 고객이 브랜드를 자발적으로 홍보하게 만들려면 제품 만족도를 넘어 브랜드의 철학과 가치를 공유하는 경험을 제공해야 한다.

　추천을 유도하는 가장 효과적인 방법은, 고객이 브랜드를 공유하면 좋은 경험을 나누는 사람이 된다고 느끼게 만드는 것이다. 친환경 패션 브랜드 프레자일드(FRAGILED)는 이러한 원리를 활용해 고객 참여형 캠페인을 진행했다.

　이 브랜드는 제품을 구매하는 순간 해당 고객의 이름으로 나무 한 그루를 심어주는 프로그램을 운영했다. 단순히 친환경 소재를 사용한 제품을 판매하는 것에 그치지 않고, 고객이 직접 환경 보호에 기여하고 있다는 경험을 제공한 것이다. 결과적으로 고객들은 '내가 구매한 옷이 환경에 기여하고 있다.'는 느낌을 받으며 이 경험을 SNS에 공유하면서 브랜드를 자발적으로 홍보하는 역할을 하게 되었다. 이처럼 고객이 브랜드와 함께 선한 영향력을 행사할 수 있는 캠페인을 기획해 보자.

브랜드의 성장은 한 번의 구매로 끝나는 것이 아니라 고객이 브랜드를 발견하고, 탐색하고, 신뢰를 쌓고, 선택한 후 다시 찾는 과정을 통해 완성된다. 이 모든 과정을 전략적으로 설계했을 때 브랜드는 단순한 제품이 아닌 고객이 자연스럽게 선택하는 브랜드가 될 것이다.

지금까지 살펴본 피죤 트리거 5단계는 고객이 브랜드를 처음 접한 순간부터 반복적으로 찾고, 주변에 추천하며, 팬이 되는 과정까지의 흐름을 정리한 것이다.

1단계. **발견**: 수많은 피드 속에서 '한 번 더 보게 만드는' 방법
2단계. **유입**: 프로필만 봐도 신뢰를 주는 피드 설계
3단계. **신뢰**: 고객이 믿고 첫 결제를 하게 되는 구조
4단계. **구매 유도**: 망설이는 고객의 마음을 움직이는 방법
5단계. **팬으로 전환**: 자발적으로 다시 찾아오는 구조 만들기

모든 브랜드가 제품을 판매한다. 하지만 고객이 브랜드를 다

시 찾게 만드는 브랜드는 많지 않다. 이 차이를 만드는 것은 단지 '마케팅 기법'이 아니라 고객과의 관계를 설계하는 브랜드의 태도다.

단기적인 유행이 아니라 시간이 지나도 고객이 스스로 찾아오는 브랜드가 되려면 지금부터 브랜드가 고객과 맺는 관계를 다시 점검해야 한다.

하지만 여기서 끝이 아니다. 인스타그램에서 브랜드를 접한 고객들이 더욱 깊이 브랜드를 이해하고, 더 긴 시간 머무르게 만들려면 어떻게 해야 할까? 짧은 피드 콘텐츠만으로는 브랜드의 철학과 가치를 충분히 전달할 수 없다. 고객이 브랜드의 본질을 이해하고, 더 깊은 신뢰를 형성할 수 있는 '확장된 공간'이 필요하다. 바로 블로그다.

브랜드가 지속적으로 성장하기 위해서는 고객이 브랜드의 철학과 스토리를 더 깊이 이해할 수 있도록 인스타그램에서 블로그로 확장하는 과정이 필수적이다. 고객과의 관계를 더 깊게 만들기 위해 블로그가 왜 필요한지 알아보자.

한국에서 사업하려면 반드시 해야 하는 플랫폼

많은 사람이 브랜드를 홍보하기 위해 인스타그램을 운영한다. 하지만 인스타그램은 본질적으로 사진과 영상 중심의 플랫폼이다. 콘텐츠가 빠르게 소비되는 환경에서는 상품이나 서비스에 대한 자세한 설명을 전달하기 어렵다. 특히 고객이 구매를 고민하는 단계에서는 더 많은 정보를 필요로 한다. 제품의 특징, 사용법, 비교 정보, 후기 등을 충분히 전달해야 고객이 신뢰를 형성하고 구매 결정을 내릴 수 있다.

하지만 인스타그램의 짧은 글과 제한적인 영상 설명만으로는 이를 효과적으로 제공하기 어렵고, 무엇보다 인스타그램의 콘텐츠는 짧은 순간 노출되고 사라지는 특성이 있다. 아무리 좋은 콘텐츠를 만들어도 피드나 릴스에 한 번 올라가고 나면 더 이상 소비자들에게 보이지 않는 경우가 많은 것이다.

반면 블로그는 한 번 작성하면 검색을 통해 장기적으로 고객을 끌어올 수 있는 플랫폼이다. 시간이 지나도 꾸준히 검색 결과에 노출되면서, 구매 가능성이 높은 소비자들에게 지속적으로 다가갈 수 있다.

즉, 인스타그램이 브랜드의 첫인상을 만드는 역할을 한다면, 블로그는 고객이 깊이 있는 정보를 탐색하고 신뢰를 쌓는 공간이 된다. 이제부터 이런 블로그를 효과적으로 운영할 수 있는 전략들에 대해 살펴보자.

키워드 전략: 검색 유입을 극대화하는 방법

블로그의 핵심은 검색을 통해 고객이 직접 찾아오게 만드는 것이다. 그러기 위해서는 단순히 글을 잘 쓰는 것보다 소비자가 실제로 검색하는 키워드를 전략적으로 활용하는 것이 더 중요하다. 많은 사람이 블로그 글을 작성할 때 '내가 쓰고 싶은 단어'를 중심으로 제목과 내용을 정한다. 하지만 효과적인 블로그 운영을 위해서는 소비자가 어떤 키워드를 검색하는지 먼저 분석하고, 그 키워드를 중심으로 제목과 글을 구성하는 전략이 필요하다.

1. 소비자가 직접 검색하는 키워드 활용

예를 들어 당신이 '프리저브드 플라워'를 판매한다고 가정해 보

자. '프리저브드 플라워'라는 키워드만으로 블로그 글을 작성하면 이 글은 네이버에서 수많은 경쟁 글 속에 묻혀버릴 가능성이 크다. 왜냐하면 너무 광범위한 키워드는 이미 많은 사람이 사용하고 있고, 검색 결과에서도 대형 업체나 네이버 쇼핑이 우선적으로 노출되기 때문이다.

그렇다면 어떻게 해야 할까? 소비자가 구매를 고민할 때 검색할 만한 키워드를 구체적으로 분석해야 한다.

잘못된 키워드 예시	이유
프리저브드 플라워	너무 일반적이고 경쟁이 치열함
드라이플라워 vs 프리저브드 플라워	정보성 키워드로, 구매보다는 정보를 얻기 위한 검색이 많음
좋은 키워드 예시	이유
프리저브드 플라워 액자 제작 방법	DIY 제작을 고려하는 소비자 공략
서울 프리저브드 플라워 원데이 클래스 후기	클래스 참여를 고민하는 소비자 공략

이처럼 소비자가 구매를 고려하는 단계에서 검색할 만한 키워

드를 중심으로 제목과 글을 작성해야 블로그 글이 검색에 잘 노출되고, 구매 전환으로 이어질 확률이 높아진다.

2. 키워드 이동 동선 파악

소비자들은 단순히 한 가지 키워드만 검색하는 것이 아니라 자신의 목적에 맞게 검색 키워드를 점점 구체화하는 과정을 거친다. 예를 들어 프리저브드 플라워를 처음 접한 소비자는 처음에는 단순히 '프리저브드 플라워'를 검색할 수 있다. 하지만 검색 결과에서 다양한 정보를 접한 후 좀 더 구체적인 키워드를 입력하며 원하는 정보를 좁혀가는 과정을 거친다.

실제 경험을 예로 들어보겠다. 어느 날, 남편이 서프라이즈로 마사지 숍을 예약해 놓았고, 나는 궁금해서 물었다. "이 마사지 숍은 어떻게 찾았어? 네이버에 검색했다면 어떤 키워드를 사용했어?" 그러자 남편은 다음과 같은 검색 과정을 거쳤다고 했다.

소비자의 키워드 이동 동선	
	개념 이해 단계
OO 호텔	특별한 경험을 선물하고 싶어 '호텔 마사지' 검색, 하지만 검색 결과를 보니 가격이 비싸고 그만한 가치가 없다는 후기가 많았음

	서비스 탐색 단계
호텔식 마사지, 프리미엄 마사지	호텔이 아니더라도 비슷한 고급 서비스를 받을 수 있는 곳을 찾기 위해 '호텔식 마사지', '프리미엄 마사지' 검색, 이 단계에서 블로그 후기를 통해 호텔에 가지 않아도 되겠다는 확신을 얻음
	신뢰 요소 확인 단계
강남 청결한 마사지 숍	마사지 숍의 청결 상태가 중요했기 때문에 '강남 청결한 마사지 숍' 키워드를 활용해 검색, 실제 이용자의 후기를 통해 업체 필터링
	구체적인 구매 키워드
강남 프리미엄 커플 마사지 숍	최종적으로 원하는 조건(청결+고급스러운 분위기+프라이빗 공간)을 만족시키는 곳을 찾기 위해 해당 키워드 검색, 최종 업체 결정

소비자는 처음부터 구체적인 키워드를 검색하는 것이 아니라 정보를 얻고, 비교하고, 신뢰도를 확인하는 단계를 거치면서 점점 더 세분화된 키워드로 이동한다. 블로그를 운영할 때는 이 검색 흐름을 이해하고, 소비자가 각 단계에서 원하는 정보를 제공하는 글을 작성하는 것이 중요하다. 내 브랜드와 관련된 소비자의 검색 흐름을 파악하고, 단계별로 맞춤형 키워드를 활용하면 블로그가 구매를 이끌어내는 강력한 도구가 될 수 있다.

3. 롱테일 키워드 활용

앞서 설명한 것처럼 너무 광범위한 키워드는 경쟁이 치열하고, 검색해도 상위 노출로 나오기가 어렵다. 반면 조금 더 구체적이고 긴 키워드(롱테일 키워드, Long tail keyword)를 활용하면 경쟁이 적고, 구매 가능성이 높은 소비자를 직접 유입시킬 수 있다.

일반 키워드	롱테일 키워드
프리저브드 플라워	프리저브드 플라워 100일 선물
꽃다발	코스모스 졸업식 꽃다발 디자인
드라이플라워	드라이플라워 DIY 액자 만들기

롱테일 키워드는 검색량이 적더라도 구매 전환율이 높다. 예를 들어 '프리저브드 플라워'라는 키워드를 검색하는 사람들은 단순히 정보를 찾는 사람이 많지만, '프리저브드 플라워 100일 선물'을 검색하는 사람은 이미 구매를 고려하고 있을 가능성이 크다.

따라서 블로그를 작성할 때는 무조건 많은 사람이 검색하는 키워드를 선택하는 것이 아니라 '내 제품을 실제로 구매할 가능성이 높은 소비자가 검색할 키워드'를 중심으로 글을 작성해야 한다.

키워드 선정 방법

네이버에서 제공하는 '네이버 키워드 도구'를 활용하면 소비자들이 실제로 어떤 키워드를 검색하는지 쉽게 확인할 수 있다.

- 네이버 키워드 도구 활용법
  - 네이버 검색광고 사이트(https://searchad.naver.com)에 접속한다.
  - 로그인 후 '키워드 도구' 메뉴를 선택한다.
  - 내가 생각하는 키워드(예: 프리저브드 플라워)를 최대 5개 입력한다.
  - 관련 키워드까지 모두 노출된 것을 확인했다면 월 검색량, 경쟁 정도를 확인한다.

이 과정을 통해 검색량이 너무 많아 경쟁이 치열한 키워드는 피하고, 적당한 검색량이 있으면서도 경쟁이 낮은 롱테일 키워드를 찾아낼 수 있다.

클릭을 유도하는 제목 전략: 검색에서 선택받는 법

롱테일 키워드를 선정했다면, 다음은 제목이다. 키워드가 '노출'을 돕는 도구라면, 제목은 '유입'을 돕는 도구다. 당신의 글이 특정 검색 키워드에서 상위 노출되더라도 제목이 매력적이지 않으면 소비자는 클릭하지 않는다.

유입을 늘리기 위한 제목 작성을 위해 다음 3가지 전략을 활용해 보자.

1. 방법 제시

예를 들어 '본식 부케 보관 1년 이상 볼 수 있는 방법', '셀프 꽃다발 제작 풍성하게 포장하는 방법' 같은 제목이다. 이러한 제목을 본 소비자는 이 글을 통해 얻을 수 있는 정보를 상상하게 된다. 그리고 그 정보가 나에게 필요한 것이라면 기꺼이 눌러볼 것이다.

2. 부정적 결과 제시

이 정보를 모르면 시간적 또는 금전적으로 부정적인 결과를 얻을 수 있음을 암시하는 제목이다. 예를 들면 '꽃집 창업 후 이걸 모르면 매출이 오르지 않아요', '꽃다발 자연 건조 시 벌레, 곰팡이 생기는 이유' 이런 제목이다. '꽃집 창업' 키워드를 검색해 본 사람이 위와 같은 제목을 보게 된다면 매출이 오르지 않을 것이라는 두려움 때문에 당신의 글을 클릭하게 될 것이다.

3. 고객 호출

내 글을 읽어줬으면 하는 소비자를 직접적으로 호출하는 제목이다. 다음은 나의 실제 사례이다. 백화점에서 급하게 화장품을 구매해야 하는 상황이 닥쳤다. 하지만 한 번도 구매해 본 경험이 없어 빠른 구매 결정이 필요했던 나는, 네이버에 '백화점 건성 팩트'라는 키워드를 검색했다. 정보를 얻기 위함이었다면 '백화점 팩트', '백화점 화장품 브랜드'로 검색했겠지만 내 피부 타입에 맞는 화장품을 빠르게 서치해야 했기에 롱테일 키워드를 사용했다. 그때 내가 본 제목이 바로 '악건성이 사용해 본 백화점 팩트 BEST 5'와 같은 제목이었다. '악건성' 키워드에 즉시 시선이 빼앗긴 나는 제목을 눌러보았고, 그 글에서 추천하는 제품 중 한 가지를 구매했다.

이처럼 구매 의사가 높은 롱테일 키워드를 활용해 소비자의 흥미를 끄는 제목을 작성한다면, 당신의 블로그로 유입되는 소비자가 많아질 것이다.

소비자를 설득하는 블로그 글쓰기: 신뢰를 쌓고 행동을 유도하는 법

키워드를 통해 노출을 늘리고, 매력적인 제목으로 유입을 늘리는 데 성공했다. 그럼 곧바로 구매 전환이 일어날까? 그렇지 않다. 블로그를 단순히 기록하는 용도로만 사용한다면 매출 상승 효과를 기대하기 어렵다. 소비자가 읽고 행동할 수 있도록 이끄는 전략적인 글쓰기가 중요하다.

다음의 구매 전환율을 높이기 위한 글쓰기 방법을 하나씩 살펴보고 적용해 보기 바란다.

1. 도입부: 문제 제기 > 해결 방법 제시 > 가치 제안

소비자는 자신의 문제, 고민을 해결해 줄 정보를 찾기 위해 검색한다. 그렇기 때문에 블로그 글을 작성할 때는 소비자의 문제나 고민을 먼저 제기하고, 해결 방법을 제시하는 방식으로 구성하는 것이 효과적이다. 더불어 이 글을 끝까지 봤을 때 소비자가 얻을 이득을 함께 제시한다면 당신의 글에 체류하는 시간이 높아질 것이다.

'생화 꽃다발을 처음 구매하는 사람이 흔히 실수하는 3가지 행동'이라는 제목의 글을 쓴다고 가정하자. 이 글의 구조는 다음과 같이 구성할 수 있다.

문제 제기

생화 꽃다발을 처음 구매하는 분들은 보관 방법을 몰라 3일만 보고 버리시더라고요. 혹시 여러분도 오래가지 않는 꽃다발을 보며 돈 아깝다고 생각했던 적이 있나요?

해결 방법 제시

한 번이라도 그런 생각을 해보셨다면 다음 3가지 방법만 그대로 따라 해 보세요! 3일밖에 못 보던 꽃다발을 7일 이상 싱싱하게 감상할 수 있을 거예요. 제가 오늘 알려드릴 내용은 다음 3가지입니다.
1) 생화 컨디셔닝 방법
2) 줄기를 사선으로 자르는 이유
3) 최적의 보관 환경
여기에 하나 더, 저만의 시크릿 방법까지 오늘 최초 공개할게요!

가치 제안

이 글을 끝까지 읽는 것만으로도 꽃집 사장님 못지않은 생화 지식을 얻을 수 있을 거예요. 그럼 시작해 볼까요?

소비자는 자신의 문제를 해결해 줄 정보를 찾기 위해 검색한다. 그렇기 때문에 블로그 글은 브랜드 소개 글이 아니라 소비자가 공감할 수 있는 문제를 제기하고, 명확한 해결책을 제시하는 흐름으로 구성해야 한다. 이렇게 구성된 글은 한 번 읽는 행위로 끝나지 않고 소비자의 신뢰를 얻어 다음 행동을 유도하는 역할

을 한다. 하지만 해결책을 제시하는 것만으로는 충분하지 않다. 소비자가 글을 읽고 행동하게 하기 위해서는 신뢰를 높일 수 있는 요소도 함께 추가해야 한다.

2. 본문: 신뢰를 높이는 요소 추가

글을 끝까지 읽는다고 해서 구매 전환이 일어나지는 않는다. 이제부터는 내용이 중요하다. 소비자는 브랜드가 스스로 하는 말보다는 실제 경험자의 의견을 더 신뢰한다. 블로그 글에 다음과 같은 요소를 추가하면 신뢰도를 높일 수 있다.

구체적인 해결 방법
(도입부에서 언급한 3가지 방법에 대한 자세한 설명, 직접 촬영한 작업 과정 사진, 영상을 활용)
그런데 이 3가지 방법 외에도 저만 알고 있는 비밀이 한 가지 더 있는데요! 바로 '생화 보존 용액'입니다.

Before & After
여러분, 어떤가요? 제가 직접 테스트해 본 결과, A 방법으로 보관한 생화는 3~4일 후 시든 반면 생화 보존 용액을 이용한 생화는 10일 정도 감상할 수 있었어요.

소비자 후기

최근 저를 찾아오신 고객님께 생화 전용 보존 용액을 알려드렸는데요.
이전보다 꽃을 2배 이상 오래 볼 수 있다며 기뻐하셨습니다.
(소비자의 실제 후기 내용이 담긴 캡처 사진이 있다면 첨부)

전문적인 정보 제공

그럼 지금쯤 '생화 보존 용액'이 뭔지 궁금하실 것 같아요.
바로 이 상품입니다.
(생화 보존 용액이 어떤 원리로 보존 기간을 늘려주는지 설명)

　소비자는 단순한 정보보다 신뢰할 수 있는 근거를 통해 마음을 움직인다. 후기, 사용 사례, 전문가의 조언 등 신뢰를 높이는 요소를 함께 제공하면 브랜드에 대한 확신이 생기고, 구매 결정을 내리는 과정이 훨씬 수월해진다.

　하지만 신뢰가 쌓였다고 해서 모든 소비자가 즉시 행동하는 것은 아니다. 마지막으로, 구매를 자연스럽게 유도하는 마무리 문구가 더해진다면 소비자는 망설임 없이 다음 단계로 나아갈 수 있다.

3. 마무리: 본문 요약 〉 행동 요구 문구 삽입

당신의 글을 끝까지 읽은 소비자가 구매를 위한 행동을 할 수 있도록 자연스러운 행동 요구 문장을 넣으면 효과적이다.

본문 요약
오늘 설명해 드린, 생화를 2배 이상 오래 감상할 수 있는 방법 3가지, 다시 한번 정리해 볼까요?
1) 생화 컨디셔닝 방법
2) 줄기를 사선으로 자르는 이유
3) 최적의 보관 환경
마지막으로, 저만의 비법 '생화 보존 용액'!
순서대로 꼭 따라 해보시길 바랄게요.

마무리
생화 보존 용액은 인터넷에서 쉽게 구매할 수 있지만, (브랜드명)에서 생화 꽃다발을 구매하시는 분이라면 누구에게나 무료로 증정해 드리고 있답니다.

소중한 기념일에 받은 꽃을 더욱 오래 보고 싶은 분이라면 지금 무료 상담 받고 특별한 선물을 준비해 보세요.

블로그 글쓰기는 단순한 기록이 아니라 소비자를 설득하는 과정이다. 내가 하고 싶은 말만 적는 것이 아니라 소비자가 궁금해하는 내용을 중심으로 풀어가야 한다. 단순히 개인적인 감상을 적는 일기식 글쓰기로는 원하는 결과를 얻기 어렵다. 정보 전달

이 명확해야 하고, 소비자가 공감할 수 있어야 하며, 마지막에는 자연스럽게 행동을 유도할 수 있어야 한다. 이렇게 전략적으로 글을 작성할 때, 블로그는 단순한 콘텐츠 저장소가 아니라 구매를 이끌어내는 강력한 마케팅 도구가 될 것이다.

많은 사람이 블로그 운영이 중요하다는 것은 알지만, 실제로 어떤 성과를 가져오는지에 대한 확신이 부족하다. 하지만 블로그는 단순한 콘텐츠 플랫폼이 아니라 검색을 기반으로 고객을 꾸준히 유입시키고 구매 전환을 높이는 강력한 마케팅 도구다. 인스타그램이나 다른 SNS는 게시물이 짧은 기간 동안 노출되고 사라지는 특성이 있지만, 블로그는 작성한 글이 시간이 지나도 검색을 통해 지속적으로 소비자에게 노출된다는 장점이 있다.

실제 사례를 통해 블로그를 활용하면 어떤 성과를 얻을 수 있을지 구체적으로 알아보자.

검색 유입 및 구매로 이어지는 고객 증가

블로그의 가장 큰 장점은 검색을 통해 꾸준한 유입이 발생한다는 점이다. 생화, 리부케 상품을 함께 판매하고 있는 '로즈 앳 서울'은 인스타그램만으로 홍보를 진행했을 때 신규 고객 유입이 일정하지 않았다. 그러나 블로그에 '기업 단체수업 힐링 프로그램', '강남 연말 송년회 프로그램' 등의 키워드를 활용한 글을 지속적으로 작성한 결과, 네이버 검색을 통해 블로그 유입 수가 크게 증가하였다. 하지만 단순한 조회 수 증가만으로는 의미가 없다. 중요한 것은 이 유입이 실제 구매로 연결되는지 여부다. 네이버에서 '기업 단체수업 프로그램'을 검색하는 사람들은 단순한 관심이 아닌 실제로 클래스를 찾아보고 예약을 고려하는 경우가 많다. 따라서 블로그에서 신뢰를 주고, 상세한 정보를 제공할 경우 구매 전환율이 높아진다.

　로즈 앳 서울은 블로그에 클래스 준비 과정, 수업이 진행되는 모습, 후기, 예약 정보 등을 상세히 정리하였고, 블로그를 통해 유입된 고객들이 바로 예약하는 비율이 크게 증가하였다.

　이렇게 블로그를 활용하면 광고 없이도 검색을 통해 고객이 스스로 브랜드를 찾아오게 만들 수 있다. 즉, 한 번 잘 작성한 글이 지속적인 유입을 발생시키는 자산이 되는 것이다.

블로그 글이 곧 브랜드의 신뢰도를 만든다

소비자는 브랜드를 선택할 때 단순히 제품만 보는 것이 아니라 그 브랜드가 얼마나 전문적이고 신뢰할 수 있는지를 중요하게 생각한다. 블로그는 단순한 홍보 채널이 아니라 브랜드의 전문성을 구축하는 공간이 될 수 있다.

예를 들어 나는 블로그에 내 수업, 판매 아이템에 대한 소개 글만 올리지 않는다. 꽃을 오래 보존하기 위한 방법, 실패 없는 공방 창업을 위한 전략, 인스타그램 마케팅 노하우 등 내 브랜드를 찾아오는 사람들에게 필요한 콘텐츠를 꾸준히 업로드했다. 그 결과, 소비자들은 나를 단순한 '판매자'가 아니라 '리부케 전문가'로 인식하기 시작했다. 이는 곧 브랜드 신뢰도로 이어졌고, 장기적으로 고객 충성도를 높이는 데 기여했다.

다른 마케팅 채널과 시너지 효과를 만든다

블로그는 단독으로 운영해도 효과적이지만, 인스타그램이나 유튜브 등 다른 마케팅 채널과 함께 활용하면 더 큰 시너지를 발휘한다.

예를 들어 인스타그램 릴스에서는 전달하고자 하는 주제의 가장 핵심적인 내용을 짧게 요약하여 전달하고, 자세한 내용은 블로그를 통해 확인하게 하는 전략이다. 이렇게 인스타그램 안에 블로그 링크를 걸어두면 인스타그램에서 관심을 가진 소비자가 자연스럽게 블로그로 넘어와 더 깊이 있는 정보를 접하고 구매를 결정할 수 있다. 이는 객단가가 높은 상품을 판매할 때 더욱 효과적이다.

나는 기존 시장에 있는 창업 교육보다 3배 높은 금액의 컨설팅 교육을 운영하고 있다. 그래서 두 수업의 차별점과 왜 컨설팅 교육을 선택해야 하는지 명확한 가치를 제시하는 블로그 글을 작성했고, 인스타그램에 이 글의 링크를 걸어두었다. 그랬더니 잠재 고객들의 유입이 증가했고, 그들에게 컨설팅 교육에 대한 확신을 줄 수 있었다.

소비자의 구매 결정을 돕는 역할 외에도 블로그에 쌓인 콘텐츠는 유튜브, 뉴스레터, 홈페이지 등 다양한 채널에서 2차적으로 활용할 수 있다. 블로그 글을 기반으로 유튜브 스크립트를 작성하거나 뉴스레터 콘텐츠로 활용하고, 짧게 요약하여 인스타그램 릴스로 제작하는 식이다.

| 블로그 글을 콘텐츠로 활용한 예시 ||
*같은 주제를 다른 방식으로 해석	
블로그 제목	인스타그램 릴스 후킹 문구
부케 액자 건조 및 제작 과정 공개	이게 10만 원이면 사실 건가요?
꽃집 사장님이 선택한 창업 아이템	꽃 없는 꽃집 운영 후기

블로그는 홍보 채널의 역할만 하는 것이 아니다. 시간이 지날수록 브랜드에 가치를 더하는 자산이 된다. 한 번 작성한 글이 지속적으로 검색되면서 새로운 고객을 유입시키고, 신뢰를 쌓고, 구매까지 이어지게 만든다. 지금 당장 눈에 보이는 효과가 없다고 해서 의미가 없는 것이 아니다. 블로그는 콘텐츠가 쌓일수록 강력해진다. 한 편의 글이 브랜드를 알리는 창구가 되고, 열 편의 글이 신뢰를 쌓으며, 스무 편의 글이 고객의 행동을 변화시킨다.

결국 블로그를 꾸준히 운영하는 브랜드와 그렇지 않은 브랜드는 시간이 지날수록 확연한 차이를 보이게 된다. 완벽한 글을 쓰려고 고민하기보다는, 첫 번째 글을 작성하는 것이 가장 중요한 첫걸음이다.

브랜드를 성장시키는 강력한 도구, 블로그를 활용할 준비가 되었는가? 그렇다면 지금 즉시 네이버 키워드 도구에서 내 브랜드와 관련된 키워드를 검색해 보고, 가장 적절한 키워드를 골라 블로그 첫 글을 작성해 보자. 처음은 어렵지만, 한 편의 글이 쌓이면 그다음은 훨씬 쉬워진다.

이것까지 해야 한다고?

브랜드를 운영할 때 인스타그램과 블로그만 관리하기도 충분히 바쁘다고 느낄 수 있다. 그런데 유튜브, 스마트스토어, 스레드까지 해야 한다면? 부담스럽게 느껴지는 것이 당연하다. 하지만 소비자는 단 하나의 플랫폼에서 브랜드를 접하지 않는다. 인스타그램에서 브랜드를 발견하고, 블로그에서 더 깊이 있는 정보를 찾아보고, 유튜브에서 리뷰를 확인한 후 스마트스토어에서 구매를 결정한다. 한 가지 채널만 운영한다면 고객이 당신의 브랜드를 접할 기회는 제한될 수밖에 없다.

그렇다고 해서 처음부터 모든 채널을 운영할 필요는 없다. 중요한 것은 현재 나에게 가장 적합한 플랫폼을 선택하고, 차근차근 확장하는 것이다. 그렇다면 각각의 플랫폼은 어떤 역할을 하며, 어떻게 운영하는 것이 효과적일까?

유튜브: 시각적으로 신뢰를 구축하는 채널

유튜브는 브랜드의 신뢰를 빠르게 구축할 수 있는 강력한 도구다. 사진과 글로 설명하는 것보다 영상을 통해 브랜드의 분위기, 제품의 디테일, 사용법 등을 직접 보여주는 것이 소비자에게 훨씬 더 신뢰를 줄 수 있다. 소비자는 글로만 설명된 후기보다 실제 사용 영상이나 브랜드의 작업 과정을 담은 콘텐츠를 보면서 더 깊은 신뢰를 형성한다. 특히 객단가가 높은 제품이나 서비스일수록, 소비자는 구매 전에 충분한 정보를 얻고 싶어 하기 때문에 유튜브 영상이 큰 역할을 한다.

하지만 많은 사람이 유튜브 운영을 부담스러워하는데, 긴 영상을 촬영하고 편집하는 과정이 번거롭기 때문이다. 그런 당신을 위해 부담을 줄이면서도 효과적으로 유튜브를 운영할 수 있는 전략을 소개한다.

1. 쇼츠부터 시작하라.

긴 영상 제작이 부담스럽다면 유튜브 쇼츠(Shorts)부터 시작하는 것이 좋다. 기존의 인스타그램 릴스, 틱톡에 올린 짧은 영상을 재활용해 유튜브 쇼츠에 업로드할 수 있다. 짧고 강렬한 영상은 더 많은 사람에게 노출될 가능성이 크며, 유튜브 알고리즘이 쇼츠 콘텐츠를 적극적으로 밀어주기 때문에 빠르게 도달률을 높일 수 있다.

2. 초보자가 시작하기 좋은 콘텐츠 주제

만약 무엇을 찍어야 할지 모르겠다면 다음과 같은 주제로 시작해 보자.

- 내 브랜드를 처음 접하는 소비자를 위한 소개 영상: 브랜드를 만들게 된 이유, 대표 상품 소개 등
- 자주 묻는 질문 영상: 평소 고객들이 자주 묻는 질문을 활용해 콘텐츠 제작. 예를 들어 '플로리스트 자격증이 꼭 필요할까요?'라는 질문을 많이 받아왔다면 이 질문에 대한 답변을 해주는 형태로 콘텐츠 제작
- 제품 사용법 및 활용 방법: 제품을 어떻게 사용하는지, 일상생활에서 어떻게 활용하는지를 시각적으로 보여주면 소비자가 구매를 고민할 때 더 쉽게 결정을 내릴 수 있음
- 브랜드의 비하인드 스토리: 상품을 제작·개발하는 과정에서 발생하는 스토리를 비하인드 형식으로 보여주면 브랜드에 대한 신뢰도를 높일 수 있음

3. 얼굴 노출이 부담스럽다면?

브랜드 운영자가 직접 출연하지 않아도 유튜브 채널을 운영할 수 있다. 예를 들어 제품 중심의 영상을 제작하여 작업 과정, 활용법, 고객 후기 등을 담거나 브이로그 형식으로 작업 환경을 자연스럽게 보여주는 것만으로도 신뢰를 줄 수 있다. 목소리 녹음이 가능하다면 제품 설명을 내레이션으로 추가하는 방식을 활용할 수도 있다.

스마트스토어: 판매를 위한 채널

스마트스토어는 네이버 검색과 연동되기 때문에 구매 전환율이 높은 플랫폼이다. 소비자는 검색을 통해 브랜드를 접하는 경우가 많고, 특히 네이버 쇼핑과 스마트스토어는 구매와 직결되는 플랫폼이어서 검색을 통해 유입된 고객들이 바로 구매로 이어질 가능성이 크다.

스마트스토어의 판매량을 높이려면 단순히 상품을 등록하는 것만으로는 부족하다. 검색 유입을 극대화하고, 소비자가 내 스토어를 신뢰할 수 있도록 만드는 것이 핵심이다. 이를 위한 방법에는 어떤 것들이 있는지 살펴보자.

1. 네이버 검색 광고 활용

내가 판매하는 상품이 특정 요일, 시즌에 검색량이 높아진다면 그 시기에 맞춰 광고를 집행해 노출과 유입을 극대화할 수 있다. 예를 들어 내가 판매하는 리부케 상품의 경우에는 금요일부터 일요일까지 검색량이 높아진다. 해당 요일에 광고를 집중적으로 집행한다면 스마트스토어 유입이 많아질 수밖에 없을 것이다.

하지만 광고를 한다고 해서 무조건 구매로 전환되는 것은 아니다. 소비자가 스마트스토어에서 구매를 결정하는 요소는 다양하다. 다음에서 스마트스토어 내 유입을 늘리는 방법에 대해 알아보자.

2. 내 상품을 더 많은 사람에게 노출하는 방법

첫 번째, 블로그와 스마트스토어를 연계하는 것이다. 네이버 블로그에서 제품과 관련된 글을 작성한 후 스마트스토어 링크를 삽입하면 검색 유입이 구매 전환으로 이어질 가능성이 높다.

두 번째, 네이버 쇼핑의 '스토어찜'과 '구매평 이벤트'를 활용하는 것이다. 스토어찜 할인 쿠폰 제공은 신규 고객 유입을 증가시킬 수 있고, 구매 후 리뷰 작성 시 추가 할인 혜택을 제공한다면 후기를 활성화할 수 있다.

마지막 세 번째, 스마트스토어 내 '스토어 소식' 기능이다. 주기적으로 브랜드 소식, 이벤트, 신제품 소개 등을 업데이트하면 소비자가 스토어에 대한 신뢰를 가지게 된다.

3. 구매 욕구를 자극하는 상세 페이지 제작

- 메인 배너: 첫 화면에서 구매를 유도하는 이미지+핵심 메시지
- 가장 상단에 고객이 얻을 수 있는 핵심 가치를 강조한 이미지 배치
- 텍스트는 짧고 강렬하게 작성(예: 1만 명의 고객이 선택한 수제 비누)
- 브랜드 로고와 신뢰 요소 배치(예: 누적 후기 8,000건 돌파)

- 제품의 차별점: 왜 이 제품을 선택해야 하는가?
- 타 제품과 비교했을 때 이 제품만의 차별점(예: 타 제품과의 유지 기간 비교)
- '왜 이 제품을 선택해야 하는가?'에 대한 명확한 답변 제공(예: 이니셜 각인 서비스 제공)

- 제품 상세 정보: 제품에 대한 기본 정보를 명확하게 제공
- 제품 크기, 구성품, 재료, 색상 옵션, 배송 일정 등
- 단순 나열보다는 한눈에 보기 좋은 이미지 형태로 제공하면

효과적

- 실사용 사진: 고객이 실제 사용 모습을 상상할 수 있도록 돕는 요소
- 예쁘게 촬영된 제품 사진이 아니라 생활 속에서 활용되는 이미지 추가
- 이 제품을 선물용으로 구매하는 고객을 위해 패키징 상태의 사진 추가

- 구매 후 사용 방법 & 관리법
- 관리법을 미리 알려주면 소비자의 신뢰도 상승(예: 수제 비누를 3배 오래 사용할 수 있는 관리 방법 3가지)
- AS 정책, 교환 및 환불 조건도 함께 안내

- 고객 후기: 신뢰를 높이는 강력한 요소
- '예뻐요'와 같은 후기보다는 실제 고객 경험이 담긴 후기가 효과적(예: "우울해하는 친구에게 선물했더니 얼굴에 웃음꽃이 피었어요.")

- 자주 묻는 질문(FAQ) 정리
- 배송 소요 기간, 색상 선택, 커스텀 가능 여부, 관리법 등을 미리 안내
- 반복적인 고객 문의를 줄이고, 구매 결정을 빠르게 할 수 있도록 도움

- 구매 유도 문구
- 할인 혜택, 한정 수량, 선물 추천 등 구매 욕구를 자극하는 문구 삽입(예: '오후 2시 이전 주문 시 당일 배송!', '선착순 구매 고객 100명에게 선물 포장 패키지 무료 제공')

스레드: 커뮤니티 기반 소통으로 팬층 확보

스레드는 브랜드의 성격과 철학을 직접적으로 보여주며 소비자와 소통할 수 있는 공간이다. 기존의 SNS가 일방적인 홍보 채널이었다면, 스레드는 브랜드와 소비자가 직접 소통하며 친밀한 관계를 형성할 수 있는 공간으로 활용되고 있다. 또한 스레드는 인스타그램과 연동되기 때문에 기존 팔로워를 쉽게 유입시킬 수 있다는 장점이 있다. 이러한 스레드를 효과적으로 운영하려면 전문적인 정보와 가벼운 소통을 적절히 결합하는 것이 좋다.

1. 브랜드 친밀도를 높이는 운영 전략

소비자가 공감할 수 있는 일상적인 이야기와 브랜드 철학을 전달하는 콘텐츠를 결합하라. 내가 즐겨 보는 스레드 계정 중에는 브랜드를 설계하고 디자인하는 '브랜드빌더'가 있다. 그는 브랜딩에 대한 자신의 철학을 명확하게 전달하면서도, 때로는 자신의 일상에 그 철학을 접목한 이야기를 어렵지 않게 공유한다.

이처럼 스레드를 자신의 철학, 가치관, 비하인드 스토리 등을 공유하는 공간으로 활용할 때 나의 소비자와 더 가까워질 수 있다.

2. 스레드의 단점과 해결 방법

스레드는 자유로운 소통이 가능하다는 장점이 있지만, 반말로 소통하는 플랫폼 특성상 브랜드의 전문성이 다소 가볍게 보일 수도 있다. 짧은 글 위주의 커뮤니티이다 보니 소비자들이 브랜드를 재미 요소로 소비할 가능성이 있기 때문이다.

이러한 단점을 보완하기 위해서는 '단순한 대화'가 아니라 '브랜드의 정체성을 녹인 콘텐츠'를 만들어야 한다. 짧은 문장 안에서도 브랜드의 전문성을 비추고 유익한 정보와 철학을 적절히 배치하는 것이 중요하다. 예를 들어 '나 해외 출강 다녀왔어!'라고 올리는 것보다 '영어를 전혀 못 하는 내가 해외 출강을 갈 수 있었던 비법은……' 같은 정보형 콘텐츠를 섞어 운영하면 신뢰도를 유지할 수 있을 것이다.

브랜드를 위한 SNS를 운영할 때 중요한 것은 한 번에 모든 플랫폼을 활용하려고 하기보다 내가 꾸준히 지속할 수 있는 방식으로 접근하는 것이다. 각각의 플랫폼이 가진 역할과 장점은 분명하지만, 모든 것을 동시에 시작하면 시간적·물리적 부담이 커지고 콘텐츠의 완성도도 낮아질 수 있다.

어떻게 하면 효과적으로 여러 플랫폼을 활용할 수 있을까? 먼저, 너무 많은 것을 한꺼번에 하려다 오히려 아무것도 실행하지 못하는 경우를 살펴보자.

처음부터 모든 채널을 운영하려고 하면 운영에 필요한 시간과 에너지가 분산되면서 콘텐츠의 완성도가 떨어지고, 지속하기 어려워진다. 예를 들어 인스타그램에 꾸준히 릴스를 올리고, 블로그에 검색 유입을 위한 글을 쓰고, 유튜브 영상까지 제작하려 한다면? 처음부터 모든 것을 완벽하게 해내기는 어렵다. 결국 콘텐츠를 꾸준히 생산하는 것이 어렵다 보니 플랫폼 운영 자체를 중단하는 경우가 많다.

반대로, 한 가지 채널에 집중하면 운영 방식에 대한 감이 잡히고, 콘텐츠를 제작하는 습관이 생기면서 점점 더 효율적으로 운영할 수 있게 된다.

그렇다면 주력 채널을 선정할 때 가장 중요한 기준은 무엇일까? 바로 내가 가장 잘할 수 있는 곳, 꾸준히 운영할 수 있는 플랫폼이 어디인지 고민해 보는 것이다. 플랫폼 운영의 핵심은 '잘하는 것'보다 '꾸준히 하는 것'이기 때문에 내가 지치지 않고 할 수 있는 채널을 선정하는 것이 중요하다.

아래 표를 참고하여 내가 지속성 있게 운영할 수 있는 플랫폼은 어디인지 고민해 보자.

채널	추천 대상	장점	단점	운영 팁
인스타그램	감각적인 콘텐츠 제작이 가능한 사람	비주얼 중심이라 브랜딩 효과 높음, 빠른 반응	검색 유입 어려움	릴스, 스토리 기능을 활용해 브랜드 정체성 강화
블로그	글쓰기가 편하고 정보 전달이 중요한 브랜드	검색을 통해 지속적인 유입 가능	초기 유입이 느릴 수 있음	롱테일 키워드와 매력적인 제목으로 노출, 유입 늘리기

유튜브	영상 촬영 및 편집이 가능한 사람	신뢰도가 높고, 브랜드 스토리 전달 용이	영상 제작에 시간과 비용이 많이 듦	긴 영상이 부담스럽다면 기존 콘텐츠를 활용해 쇼츠부터 시작
스마트 스토어	쇼핑몰을 통한 제품 판매가 목표인 브랜드	검색을 통해 구매 전환율이 높음	브랜드 브랜딩이 어렵고 경쟁이 치열함	후기를 적극적으로 유도하고, 상품 Q&A를 관리해 신뢰도 높이기
스레드	소비자와 소통하며 브랜드 철학을 전달하고 싶은 사람	브랜드 친밀도 빠르게 향상, 다양한 협업 가능성	반말로 소통하는 플랫폼 특성상 브랜드 신뢰도가 다소 가볍게 보일 수 있음	짧은 문장을 활용하되, 브랜드 스토리를 적절히 섞어 신뢰도 유지

이를 기준으로 정한 주력 채널을 안정적으로 운영할 수 있게 된 이후에는 서브 채널을 하나씩 추가하는 방식으로 확장하는 것이 효과적이다. 만약 인스타그램을 주력 채널로 선정했다면 다음과 같은 방식으로 채널을 확장할 수 있다.

- **1단계. 주력 채널 1개 선정**: 가장 익숙한 채널인 인스타그램에서 시작

- **2단계. 서브 채널 1개 추가:** 주력 채널이 일정 수준 안정되면 검색 유입을 늘릴 수 있는 블로그나 스마트스토어 추가 → 빠르게 소비되는 인스타그램 콘텐츠를 블로그에서 구체적인 정보로 다시 전달
- **3단계. 추가 확장:** 서브 채널 운영까지 익숙해졌다면 유튜브, 스레드 등 커뮤니티 기반 채널을 추가하여 브랜드 영향력을 확대 → 블로그에 쓴 내용을 스레드로 요약하여 소통 강화

이런 방식으로 확장한다면 운영에 대한 부담을 줄이면서도 다양한 플랫폼에서 브랜드를 성장시킬 수 있을 것이다.

지금은 다양한 플랫폼을 활용하는 것이 당연한 시대다. 하지만 처음부터 모든 것을 하려다 보면 결국 아무것도 제대로 해내지 못할 수도 있다. 중요한 것은 지금 가장 자신 있는 채널을 정하고, 하나씩 실행해 보는 것이다. 작은 실천이 쌓이면 점점 더 브랜드를 성장시키는 감각이 생기고, 더 넓은 시장을 바라볼 수 있게 된다.

나 역시 처음부터 마케팅을 잘했던 것은 아니었다. 오히려 어디서부터 시작해야 할지 몰라 헤매던 시간이 길었다. 그렇게 시행착오를 거듭하며 성장해 나가던 중, 마침내 목표했던 매출을

달성하게 되었다. 하지만 예상과는 달리, 그 순간이 끝이 아니었다. 오히려 새로운 고민과 한계가 나를 기다리고 있었다.

'더 성장하려면 어떻게 해야 할까?'

'지금 방식으로는 절대 이 이상을 넘을 수 없겠는데?'

처음에는 해결 방법이 보이지 않았다. 하지만 시간이 지나면서 하나씩 깨닫게 되었다. 성장은 목표 달성이 아니라 계속해서 문제를 해결하는 과정이라는 것을 말이다.

다음 장은 월 1,000만 원을 벌고 난 후 내가 마주한 현실과 그 속에서 배운 이야기다. 목표에 도달한 후의 고민이 어떤 것인지, 그리고 어떻게 극복할 수 있을지에 대한 이야기를 공유하고자 한다.

월 1,000만 원 벌고 깨달은 것

처음 사업을 시작했을 때 '월 매출 1,000만 원'은 너무나 막연한 목표였다.

'저 정도 벌면 사업이 자리를 잡았다고 할 수 있겠지?'

'그 정도면 마음 편히 살 수 있을 거야.'

그렇게 생각하며 하루하루 앞만 보고 달려왔다. 그리고 마침내 목표했던 월 1,000만 원을 넘어 최고 매출 1,600만 원을 달성하게 되었다. 처음 그 숫자를 확인했을 때의 감격은 지금도 생생하다.

'드디어 나도 월 1,000만 원을 버는 사람이 됐어……!'

'이제 내 사업도 제대로 자리를 잡았구나!'

하지만 예상과는 다르게, 이 목표를 달성했다고 해서 갑자기 모든 것이 안정되는 건 아니었다. 오히려 몇 달이 지나자 묘한 불안감이 스며들기 시작했다. 처음에는 매출이 꾸준히 유지되는 것만으로도 만족스러웠다. 하지만 6개월이 지나자, 문득 이런 생각이 들었다.

'이렇게만 하면 계속 1,000만 원을 벌 수 있겠지?'

그런데 그다음 순간, 또 다른 생각이 따라왔다.

'그런데 지금처럼 일하면 절대 이 이상은 벌지 못하겠는데?'

나는 목표를 달성하면 한숨 돌릴 수 있을 거라고 생각했다. 그런데 정작 1,000만 원을 벌어보니, 그게 끝이 아니라 또 다른 문제가 기다리고 있었다. 매출을 올리려면 계속해서 일해야 했고, 더 많이 벌수록 내 시간이 점점 사라졌다. 더 바빠지고, 더 많은 일을 해야만 지금의 매출을 유지할 수 있었다. 그때 깨달았다.

'내가 이렇게 계속 일하면 한 달에 1,000만 원은 유지할 수 있을지 몰라도, 그 이상을 넘을 수는 없겠구나.'

더 많은 돈을 벌기 위해서는 더 많은 시간을 들여야 했고, 그럴수록 나는 점점 지쳐갔기 때문이다. 내가 직접 모든 걸 챙겨야만 매출이 발생하는 구조. 이 방식으로는 성장의 한계가 명확했다.

처음에는 그 사실을 받아들이기가 어려웠다.

'이렇게까지 열심히 일해서 겨우 목표를 달성했는데, 또 새로운 벽을 만나야 해?'

'계속 이렇게만 하면 될 줄 알았는데, 결국 또 다른 문제를 해

결해야 하는 거야?'

하지만 인정할 수밖에 없었다. 사업은 한 번 목표를 달성했다고 끝나는 게 아니라, 끊임없이 문제를 해결해야 하는 과정이었다. 나는 선택해야 했다. 지금에 안주할 것인가, 아니면 더 큰 성장을 위해 변화할 것인가?

결국 나는 더 큰 성장을 해보기로 결심했다. 그런데 단순히 더 열심히 일하는 것으로 해결될 문제가 아니었다. 나는 계속 '어떻게 하면 매출을 2,000만 원, 3,000만 원으로 늘릴 수 있을까?'를 고민했지만, 결국 문제의 핵심은 다른 곳에 있었다.

'내가 다 직접 해서는 더 이상 성장할 수 없다.'

나에게 주어진 시간은 한정적이기 때문이다. 그런데도 나는 여전히 '더 많이 팔려면 내가 더 열심히 해야 한다.'고 생각했다. 하지만 이 방식으로는 아무리 열심히 해도 한계를 넘을 수 없었다. 내가 손을 떼면 매출이 멈춰버리는 구조였기 때문이다.

그렇다면 이걸 어떻게 해결해야 할까? 더 많이 버는 것보다 내가 직접 하지 않고도 매출이 유지되는 구조를 만들어야 한다. 이제는 비즈니스 모델을 바꿔야 할 때였다.

그동안 나는 혼자서 모든 걸 해결해야 한다고 생각했다. 하지만 이 한계를 돌파하려면 나 없이도 돌아가는 시스템을 만들어야 했다. 그리고 그 방법을 고민하기 시작했고, 결과적으로 다음과 같은 것들을 이루어냈다.

1. 운영 효율성을 높이기 위해 수업과 주문 제작 분업화

혼자서 모든 수업을 운영하고, 주문 제작까지 직접 담당하다 보니 어느 순간 한계가 왔다. 수업 운영을 위해 스태프를 채용하고, 주문 제작을 담당할 직원을 추가 채용하면서 운영 방식을 바꾸었다. 이제는 나 없이도 일정 부분 수업이 운영될 수 있는 시스템이 갖춰졌고, 주문 제작도 전담 직원이 맡으면서 전체적인 운영 효율성이 크게 향상되었다. 물론 아직도 내가 개입해야만 돌아가는 부분들이 있다. 하지만 이전보다는 훨씬 더 '나 없이도 운영되는 구조'가 자리 잡았고, 완전한 자동화 시스템을 만들기 위해 꾸준히 개선해 나가고 있다.

2. 소규모 수업에서 벗어나 더 많은 사람에게 가치를 제공할 수 있는 방식으로 변화

처음에는 1:1 혹은 소규모 형태의 클래스를 진행했지만, 어느 순간 주 7일, 오전·오후 가득 채운 수업 스케줄로 인해 나의 생활이 사라지고, 건강이 악화되는 게 느껴졌다. 그때부터 같은 시간 안에서도 더 많은 사람에게 배움의 기회를 제공할 수 있는 방향을 고민했고, 컨설팅 교육을 론칭하면서 다대일 수업 방식으로 전환했다. 이 과정에서 수업 운영을 돕는 스태프를 채용해 운영을 분담했고, 나도 더 전략적인 방향 설정과 브랜드 성장에 집중할 수 있는 환경을 만들었다.

3. 지속 가능한 구조를 만들기 위해 부자재 브랜드 '릴리코어' 론칭

기존의 사업이 수업과 제작 중심이었다면, 릴리코어(Rilycore)를 통해 B2B 시장으로 확장했다. 나의 작업물이 아닌 재료와 도구를 공급하는 방식으로 비즈니스를 확장하며 보다 지속 가능한 비즈니스 모델을 구축했다. 현재 릴리코어는 남편이 맡아서 운영하고 있으며, 나는 브랜드 운영과 교육에 집중하는 구조로 역할을 나누었다. 이렇게 역할을 분배하면서 각자의 강점이 더욱 발휘될 수 있는 시스템이 만들어졌다.

"성공은 매일 반복되는 작은 노력들의 합이다." - 로버트 콜리어(Robert Collier)

성장은 한순간에 이루어지지 않는다. 기존의 방식을 유지하면 지금의 자리에서 멈추게 되고, 더 큰 성장을 원한다면 결국 새로운 선택을 해야 한다. 처음에는 '더 열심히 하면 되겠지.'라고 생각했다. 하지만 어느 순간, '더 열심히'가 아니라 '더 스마트하게' 해야 한다는 걸 깨달았다.

혼자서 모든 걸 감당하는 방식으로는 한계가 있다. 더 많은 사람에게 가치를 전하고, 더 지속 가능한 비즈니스를 만들려면 일하는 방식을 바꿔야 하고, 더 큰 무대를 향해 나아가야 한다. 나는 변화를 선택했다. 스태프를 채용하고, 수업 방식을 바꾸고, 새로운 시장에 도전하며 작은 실행들을 쌓아가면서 내가 가는 길이 더욱 단단해지고 있음을 깨달았다.

지금 당신은 어떤 선택을 하고 있는가?
멈출 것인가, 아니면 앞으로 나아갈 것인가.
성장은 기다려서 얻는 것이 아니다. 선택하고, 움직이는 사람만이 만들어낼 수 있다.
그런데 혼자서 이 변화를 선택하고 만들어가는 것이 쉬웠을까? 사실 나는 수많은 시행착오를 겪으며 길을 찾았다. 그리고 그 과정에서 나를 완전히 변화시킨 멘토들이 있었다.

다음 장에서는 내가 브랜드를 운영하는 데 가장 큰 영향을 준 멘토들에 대해 이야기해 보겠다.

그들이 아니었다면 나는 이 선택을 할 수 있었을까?

그리고 그들이 가르쳐준 원칙들이 지금의 나를 어떻게 만들었을까?

이제, 내가 변화할 수 있었던 진짜 이유를 이야기하려 한다.

마케팅의 기본도 모르던 나를 변화시킨 사람

처음에는 인스타그램에 꾸준히 콘텐츠를 올리기만 하면 고객들이 자연스럽게 찾아올 것이라 생각했다. 인스타그램이야말로 브랜드를 알리는 가장 효과적인 방법이라고 믿었고, 그것만으로 충분하다고 여겼다. 하지만 인스타그램 로직이 바뀌기 시작한 2023년 6월, 어느 순간 내 브랜드 계정의 노출이 줄어들기 시작했다. 단순히 '좋아요'나 조회 수가 줄어든 정도가 아니었다. 내 콘텐츠가 고객들에게 도달하지 않는다는 것이 확연하게 느껴졌다. 더 심각했던 건, 이 변화가 곧바로 매출에 영향을 미쳤다는 점이다. 매출이 줄어들기 시작하자 불안했다. 평소와 똑같이 콘텐츠를 올리고 있는데도 고객들의 반응이 점점 줄어드는 것이었다. 고객과의 접점이 사라져가는 느낌이 들었다.

그제야 나는 깨달았다.

'이전처럼 콘텐츠를 올리는 것만으로는 안 된다. 뭔가 달라져

야 한다.'

하지만 어떻게 해야 할지 몰랐다.

그러던 어느 날, 남편이 내게 한 사람을 추천해 주었다.

"이분 한번 봐봐. 인스타그램 마케팅을 잘 알려주는 것 같던데?"

그렇게 해서 나는 '팁스타그램' 염호근 대표님을 알게 되었다. 그리고 그 만남은 내 브랜드를 알리는 방식 자체를 바꾸는 전환점이 되었다.

첫 번째 멘토: 팁스타그램 염호근 대표님과의 만남

염호근 대표님을 통해 처음으로 릴스를 활용한 마케팅을 접하게 되었다. 그전까지 나의 인스타그램 운영 방식은 단순했다. 피드에 콘텐츠를 올리고, 고객들이 자연스럽게 찾아오길 기다리는 것이 전부였다. 하지만 릴스를 활용하면 훨씬 더 많은 사람에게 브랜드를 노출시킬 수 있으며, 고객과의 접점을 확장할 수 있다는 사실을 배우게 되었다. 릴스를 하나의 기능이 아니라 브랜드와 고객을 연결하는 소통 창구로 활용해야 한다는 개념이 생긴 순간부터 나의 브랜드 운영 방식은 완전히 달라졌다.

물론 마케팅을 처음 배우는 과정이 쉽지만은 않았다. 영상 콘텐츠를 좋아하는 편이 아니었기 때문에, 촬영부터 편집까지 직접 해야 한다는 게 꽤 곤혹스러웠다. 1개의 릴스를 만드는 데 반나절이 걸렸으니까. 이렇게 하루를 투자해 릴스를 만들어도 기대만큼 반응이 없었고, 어떤 방향으로 콘텐츠를 만들어야 할지 막막할 때도 많았다. 그럴 때마다 나는 염호근 대표님께 적극적으로 질문했고, 더 깊이 배우기 위해 직접 사무실을 찾아가기도 했다.

한번은 이런 적도 있었다. 처음으로 멘토가 생긴 나는 그를 따라 하기 시작했다. 염호근 대표님이 운영 중인 인스타그램 마케팅 강의를 똑같이 따라 만들어서 론칭을 준비하고 있던 것이다. 하지만 마음이 계속 불안했다.

'이건 아닌 것 같은데……. 이렇게 해도 되는 걸까?'

자기 의심이 반복되었고, 강의에 대한 확신이 사라지고 있었다. 결국 고민 상담을 하러 염호근 대표님을 찾아갔다.

"제가 대표님을 따라 하고 있어요."

그 말에 대표님은 한숨을 푹 내쉬더니 이렇게 말했다.

"나 대표님은 본인만의 확고한 아이템이 있고, 그 아이템과 릴스를 접목해서 매출을 올렸잖아요. 그럼 리부케를 만드는 기술과 그걸로 어떻게 돈을 벌 수 있는지에 대해 알려주는 강의를 만들어보는 건 어때요?"

그를 따라 인스타그램 마케팅 강의를 준비할 땐 자기 확신이 없어 늘 불안했다. 그런데 그 말을 듣자마자 나는 '이건 무조건 팔리겠다.'라는 확신이 들었다. 내가 가장 잘할 수 있는 두 가지를 함께 알려주는 수업인 데다가, 이 시장에는 기술과 파는 법을 함께 알려주는 수업이 지금까지 한 번도 없었기 때문이다. 그날 이후 나는 즉시 나만의 수업을 준비하기 시작했고, 약 3개월 후 현재 운영 중인 컨설팅 교육을 론칭할 수 있었다.

혼자 고민하며 막막했던 시절, 멘토를 만나면서 길이 보이기 시작했다.

나는 마케팅이 무엇인지도 모르던 사람이었지만 배우고, 적용하고, 시행착오를 겪으면서 변화할 수 있었다. 그리고 그 배움은 단순한 매출 상승이 아니라 브랜드를 더 깊이 이해하고 성장시키는 과정이 되었다.

사실 알고 보면 별거 아닌 내용일지도 모른다. 마케팅이란 게 결국은 고객을 이해하고, 그들과 연결되는 과정이라는 걸 안 지금은 오히려 마케팅이 단순하게 보인다. 하지만 문제는, 누군가 이야기해 주기 전까지는 절대 혼자서 깨닫지 못한다는 것이다. 그런데 그럴 때 누군가가 한마디를 툭 던져주는 것만으로도 전혀 다른 길이 열릴 수 있다. 그게 바로 멘토의 역할이 아닐까?

내게는 그 순간이 염호근 대표님의 한마디에서 시작됐다. 그날 대표님이 툭 던진 한마디로 나는 인생이 바뀌었다.

"나 대표님이 가진 기술과 매출을 올린 방법에 대해 알려주는 건 어때요?"

그 말 한마디를 듣지 못했다면, 나는 여전히 염호근 대표님의 강의를 따라 하면서도 '과연 이게 맞는 걸까?'라는 자기 의심 속에서 앞으로 나아가지 못했을지도 모른다. 끊임없이 고민만 하면서도 실행에는 망설임이 많았을 것이고, 시행착오를 겪는 과정에서 쉽게 포기해 버렸을지도 모른다. 하지만 그 한마디를 듣고 나서야 문제를 해결할 방법이 있다는 걸 깨달았고, 스스로 배우고 적용해 보면서 점점 길을 찾을 수 있게 되었다.

멘토가 있다는 것은 이런 순간에 방향을 잡아줄 수 있다는 의미다. 혼자 고민하면 보이지 않던 것들이, 누군가의 한마디로 명확해지기도 한다. 그래서 나는 지금도 배우고 있다. 아직 가야 할 길이 많기 때문이다.

두 번째 멘토: 김홍탁 대표님과의 만남

염호근 대표님을 통해 또 한 명의 멘토를 만나게 되었다. 인스타그램 마케팅만으로는 부족하다는 생각이 들면서, 더 깊이 있는 마케팅과 브랜딩을 배우고 싶어졌다. 그렇게 찾게 된 길에서 김홍탁 마스터(클래스에서 강사를 부르는 호칭)님을 만났다. 마스터님을 통해 나는 마케팅이 단순한 홍보 수단이 아니라 브랜드의 본질을 정립하는 과정이라는 걸 알게 되었다. 그에게 배운 마케팅은 노출 증가나 매출 상승만을 목표로 하는 것이 아니었다. 브랜드가 존재해야 하는 이유, 고객에게 전달해야 하는 가치, 브랜드가 지속될 수 있는 전략을 고민하는 과정이었다.

이것은 내 사고방식을 완전히 바꿔놓았다. 그동안 나는 제품을 어떻게 더 많이 노출할지, 어떻게 하면 더 효과적으로 판매할지만 고민했기 때문이다. 하지만 마스터님은 그보다 더 본질적인 질문을 남기셨다.

"당신의 브랜드는 고객에게 어떤 의미로 남을 것인가?"

이 질문을 처음 받았을 땐 너무 막막했다. '브랜드의 의미'라니, 도대체 무엇을 말하는 걸까? 하지만 이 질문이 머릿속에 계속 맴돌면서 사업을 바라보는 관점이 달라지기 시작했다.

과거의 나는 브랜드를 '고객이 구매하는 제품을 제공하는 공간' 정도로 생각했다. 그래서 매출이 곧 브랜드의 성장을 증명하는 요소라고 믿었다. 하지만 브랜드에게 '팔리는 것'보다 중요한 것은, 고객이 '왜 이 브랜드를 선택하는가?'였다. 과거의 나는 항상 이렇게 고민했다.

'이 제품을 어떻게 하면 더 팔 수 있을까?'

'어떻게 하면 더 많은 사람에게 노출할 수 있을까?'

하지만 마스터님의 강의를 들으며 질문 자체가 바뀌기 시작했다.

'내 브랜드는 고객의 삶에 어떤 의미를 남길 수 있을까?'

'제품을 판매하는 걸 넘어 고객이 내 브랜드를 통해 어떤 경험을 하게 만들 것인가?'

예를 들어 이전에는 제품을 만드는 과정과 그 제품의 기능적인 장점을 강조했다. '우리 제품은 다른 곳의 제품보다 더 예쁘고, 더 오래가고, 더 실용적이다.' 이런 것들을 중심으로 마케팅 전략을 세운 것이다. 그런데 이제는 제품의 기능이 아니라 고객이 브랜드를 소비하면서 느낄 감정과 경험을 고민하게 되었다.

그 결과, '이 제품을 통해 당신이 느끼게 될 감정', '이 서비스를 경험하는 것이 당신에게 어떤 의미가 있는지'를 중심으로 마케팅 전략을 세울 수 있게 되었다. 브랜드는 고객이 소유하는 것이 아니라 경험하는 것이 되어야 한다는 걸 깨달은 것이다. 지금의 나는 브랜드를 '제품을 판매하는 공간'이 아니라 '고객과 함께 경험과 가치를 공유하는 공간'으로 바라보게 되었다.

그 무렵, 나는 성공한 사업가들을 만나면서 한 가지 공통된 이야기를 들었다.

"모든 것은 결국 인문학으로 연결된다."

연 매출 수백억 원을 올리는 브랜드의 대표님들조차 인문학의 중요성을 강조했다. 하지만 당시의 나는 인문학과 사업이 어떻게 연결되는지 이해하지 못했다. 인문학이란 게 막연하고, 나처럼 브랜드를 운영하는 사람에게 어떤 도움이 될지 실감이 나지 않았다. 하지만 어느 순간, 그렇게 성공한 분들이 한결같이 인문학을 이야기하는 이유가 궁금해지기 시작했다.

'도대체 인문학이 뭐기에 이분들이 이렇게 중요하다고 말하는 걸까?'

그 질문이 계기가 되어 김홍탁 마스터님의 인문학 강의를 듣게 되었다. 그리고 그 강의를 통해, 사업을 운영하는 방식 자체가 변화하기 시작했다.

예전에는 팔리는 것이 중요했다면, 이제는 남는 것이 중요해졌다. 과거의 나는 단기적인 매출을 올리기 위해 어떻게 마케팅을 해야 할지만 고민했다. 하지만 인문학을 배우면서 브랜드의 철학과 가치가 단단해야 시간이 지나도 흔들리지 않는다는 걸 깨달았다. 고객이 브랜드를 소비하는 순간이 의미 있는 경험이 되도록 만드는 것. 결국 브랜드를 '더 많이 파는 것'이 아닌 '더 오래 남는 것'으로 바라보게 된 것이다.

그리고 그 변화는, 내가 고객을 바라보는 시선에도 영향을 줬다. 예전에는 고객을 소비자로만 봤다. 하지만 이제는 브랜드와 함께 일상을 살아가는 '공존의 대상'으로 바라보게 되었다.

"고객이 브랜드를 소비하는 것이 아니라, 브랜드가 고객의 삶을 함께하는 것이다."

이 문장을 깨닫는 데까지 꽤 오랜 시간이 걸렸다. 하지만 이 생각을 하고 나니, 이제 나는 '판매하는 사람'이 아닌 '고객과 어떤 관계를 맺을 것인가?'를 고민하는 사람이 되었다.

그렇게 배움의 깊이가 달라지면서 사업을 바라보는 관점도 완전히 달라졌다.

홍보나 판매 기술을 익히는 것도 중요하지만, 그보다 먼저 브랜드의 본질을 고민해야 한다는 것. 브랜드의 철학을 이해하고 공감하는 팬을 만들어가는 것. 그리고 이를 위해 결국 '사람을 깊이 이해하는 것'이 필요하다는 걸 배웠다.

이전에는 더 많은 노출과 효과적인 광고 전략을 고민했다면, 이제는 브랜드가 고객에게 어떤 의미를 주는지, 그리고 그 의미가 어떻게 브랜드의 지속성으로 연결되는지를 고민하게 되었다. 결국 성장은 단순한 기술이 아니라 본질을 이해하는 데서 시작된다.

염호근 대표님을 만나지 않았다면, 나는 여전히 노출이 줄어드는 인스타그램을 보며 답답해하기만 했을지도 모른다. 마케팅을 배워야 한다는 생각조차 하지 못한 채 고객이 사라지는 이유를 찾지 못하고 외부 환경 탓만 했을 수도 있다.

김홍탁 마스터님을 만나지 않았다면, 나는 여전히 '더 많이 팔기 위한 방법'을 고민하며 브랜드의 방향성을 찾지 못했을지도 모른다. 브랜드의 철학을 세우고, 고객과 관계를 맺는 것이 장기적인 성공의 핵심이라는 걸 알지 못한 채 단기적인 매출 상승에만 집중했을지도 모른다.

이 두 멘토를 통해 나는 브랜드를 지속적으로 성장시키는 원리를 배웠다. 그리고 그것이 결국 '사람을 이해하는 것'에서 출발한다는 것을 깨달았다.

사업을 하다 보면 때로는 막막하고 길이 보이지 않을 때가 있다. 어디서부터 시작해야 할지 모를 때도 있고, 내가 가는 방향이 맞는지 의심이 들 때도 있다. 하지만 내가 그랬던 것처럼, 누군가의 작은 한마디가 생각의 전환점을 만들어줄 수도 있다.

좋은 멘토를 만난다는 것은 단순히 기술을 배우는 것이 아니다. 그들이 가진 경험과 통찰을 통해 내가 미처 보지 못한 것들을 발견하게 되고, 혼자였다면 절대 생각하지 못했을 질문들을 던지게 된다. 그 질문이 쌓이고, 고민이 깊어질수록 브랜드는 더 단단해지고 길을 찾게 된다.

그래서 나는 지금도 배우고 있고, 앞으로도 배울 것이다. 그리고 언젠가 나도 누군가에게 그런 역할을 할 수 있기를 바란다.

PART 5

나를 잃지 않고 일하는 법

SNS 없는 세상에 살고 싶다

어느 날 문득 이런 생각이 들었다.

'SNS 없이도 잘 살 수 있다면 얼마나 좋을까?'

하루 종일 콘텐츠를 만들고, 댓글을 확인하고, 스토리를 올리면서 '나는 대체 언제쯤 쉬는 거지?' 생각했다.

인스타그램, 유튜브, 스레드, 틱톡, 블로그 등 5개 이상의 SNS 채널을 운영하면서 쉼 없이 달려왔다. SNS는 내 브랜드를 알리고, 고객과 소통하는 필수적인 도구였기에 매일같이 사진을 올리고, 릴스를 만들고, 글을 쓰고, 유튜브 영상을 촬영하는 일상이 반복되었다. 하지만 어느 순간 깨달았다.

'나는 내 삶을 살고 있는 걸까, 아니면 알고리즘의 노예가 된 걸까?'

처음부터 비즈니스 계정을 운영하는 게 좋았던 건 아니다. 하지만 온라인에서 브랜드를 운영하는 이상, SNS는 선택이 아니라 필수였다.

"이제는 SNS 없이 브랜드를 성장시킬 수 없다."

이런 말이 너무나 당연한 시대였기에, 나 역시 SNS 운영을 치열하게 해왔다. 처음에는 단순히 브랜드를 알리기 위해 시작했지만, 어느 순간 '이걸 안 하면 도태된다.'는 강박에 시달리고 있었다. 그 강박 속에서 하루하루가 버거워졌다.

하나의 게시물을 올린다고 해서 끝이 아니었다. 조회 수, 좋아요, 댓글, 공유 수를 보며 계속해서 분석해야 했다.

'오늘은 도달이 왜 이렇게 낮지?'

'릴스 조회 수가 너무 낮네. 뭐가 문제지?'

'다른 브랜드는 잘나가는데, 나는 왜 이만큼밖에 안 되지?'

이런 생각들이 머릿속을 채우기 시작했다. 사업을 키우기 위해 시작한 SNS가 나를 점점 지치게 만들고 있었다. 일과 삶의 경계가 사라졌고, 하루 종일 SNS 속에서만 살고 있는 느낌이었다. 그러다 보니 어느 순간, 이런 생각이 들었다.

'SNS 없는 세상에서 살고 싶다.'

그렇게 나는 점점 지쳐갔다. 사업을 키우기 위해 SNS를 하는 건데, 정작 나는 무너지는 느낌이었다. 이런 모순적인 상황 속에서, 도대체 어떻게 해야 할지 모르겠다는 생각이 들었다. 어느 순간, 더 이상 버틸 수 없어 눈물이 터져 나왔다. 그때 나에게 필요한 건 '이제라도 멈춰서 다시 방향을 잡는 것'이었다.

나는 고민했다.
'이대로 계속 SNS에 끌려다닐 것인가, 아니면 내가 주도권을 잡을 것인가?'
무작정 포기할 수도 없었다. 그렇다면 방식을 바꿔야 했다. SNS를 대하는 태도를 다시 정리하고, 이제는 내가 주도하는 방식으로 운영해야 했다. 단순히 SNS 채널을 줄이거나 멀리하는 것이 답은 아니었다. 내가 선택한 방향은 명확했다. SNS에 끌려다니지 않고, 전략적으로 활용하는 것. 그렇게 나는 몇 가지 중요한 원칙을 세웠다.

1. '내가 왜 SNS를 하는지' 다시 정의하기

나는 처음부터 SNS 자체가 목표였던 게 아니다. SNS는 사업을 위한 도구였을 뿐, 내가 여기에 매달릴 필요는 없었다. 그래서 다시 생각했다.
'내가 정말 집중해야 할 채널은 무엇인가?'
'모든 걸 다 잘할 필요는 없다. 가장 효과적인 채널을 중심으로

운영하자.'

그렇게 SNS를 하는 목적을 다시 설정하면서 무조건적인 SNS 운영 강박에서 벗어날 수 있었다.

2. '해야 한다'에서 '할 수 있다'로 마인드 전환하기

과거에는 '매일 올려야 해.', '알고리즘이 원하는 대로 맞춰야 해.' 같은 강박이 강했다. 하지만 지금은 다음과 같이 마인드를 바꾸면서 SNS에 대한 부담이 크게 줄어들었다.

'알고리즘에 끌려다니지 말고 나에게 맞는 운영 방식을 선택하자.'

'매일 콘텐츠를 올리는 게 중요한 게 아니라 한 개를 올리더라도 브랜드를 성장시키는 방향으로 운영하는 게 중요하다.'

'조회 수가 떨어진다고 실패가 아니다. 콘텐츠 하나하나가 브랜드의 자산이 된다.'

3. 효율적인 콘텐츠 제작 방식 도입하기

과거에는 매일 SNS에 맞춰서 콘텐츠를 만들었지만, 이제는 한 번에 여러 개의 콘텐츠를 제작해 예약 발행하는 방식으로 바꿨다.

'매일 촬영과 편집을 반복하지 말고 한 번에 여러 개를 만들어

두었다가 예약 발행하자.'

'SNS마다 전부 따로 콘텐츠를 만들 필요는 없다. 하나의 콘텐츠를 여러 채널에 맞게 변형하자.'

특히 원 소스 멀티 유즈(One Source Multi Use) 전략을 적극적으로 활용했다. 하나의 콘텐츠를 만들어 각 채널의 특성에 맞게 변형하는 방식이다. 예를 들어 유튜브에서 만든 긴 영상을 짧게 편집해 쇼츠나 릴스에 활용한다든지, 블로그에 올린 글을 다듬어 인스타그램 피드 콘텐츠로 재사용하는 것이다. 한 번 만든 콘텐츠를 여러 채널에서 활용하면서 매번 새로운 콘텐츠를 만드는 부담을 줄일 수 있었다.

4. SNS와 거리 두기

예전에는 하루 종일 SNS를 붙잡고 있었다. 콘텐츠를 올리고 나면 조회 수를 확인하고, 댓글 반응을 살피고, 또 다른 콘텐츠를 준비하느라 계속해서 화면을 들여다봤다. '어떻게 하면 더 많은 사람이 볼까, 더 좋은 반응을 얻을까?' 하는 생각이 머릿속에서 떠나지 않았다.

하지만 이제는 다르다. 물론 완전히 거리를 둔 것도 아니고, 여전히 SNS를 열심히 운영하고 있다. 다만 예전처럼 하루 종일 SNS에 붙잡혀 있지 않는다. 콘텐츠를 업로드하는 순간까지는 최선을 다하고, 이후 시간은 다른 업무에 집중하는 방식으로 바 뀠다.

SNS가 중요한 건 변함없지만, SNS에 지배당하는 게 아니라 내가 SNS를 운영하는 방식으로 바뀐 것이다. 이전처럼 소비자 반응에 집착하지 않고, 필요한 만큼 집중하고 나면 자연스럽게 손을 놓을 수 있는 환경을 만들었다.

SNS는 때때로 부담스럽고 피곤할 수 있다. 하지만 그렇다고 완전히 끊어버릴 수도 없다. 중요한 건 '어떻게 하면 덜 지치면서 더 효과적으로 활용할 수 있을까?'라는 질문이다. 억지로 SNS를 따라가려 하면 끝없이 끌려다닐 수밖에 없다. 하지만 내 방식대로 활용하면 SNS는 브랜드를 성장시키는 강력한 도구가 된다.

해야 하는 게 아니라 할 줄 아는 것.

끌려가는 게 아니라 내가 주도하는 것.

이제는 SNS에 쏟는 에너지를 내 브랜드를 키우는 데 집중할 때다.

평범한 사람과 비범한 사람의 차이

2024년은 개인적으로도, 사업적으로도 많이 성장한 한 해였지만 그만큼 많은 말이 나를 따라다녔다.

'수강생을 이용한다.', '저런 식으로 마케팅해선 이 업계에 오래 못 있는다.', '릴스 쉬운데 그걸로 무슨 강의를 하냐?'

이 외에도 나를 대놓고 저격하는 글을 본 적이 있다. 모두 일면식도 없는 불특정 다수의 사람이 나의 겉모습만 보고 쉽게 뱉는 말들이었지만, 특히 수강생 한 분 한 분을 진심으로 대하는 나에게 '수강생을 이용한다.'는 말은 한동안 귓가에 맴돌 만큼 속상함이 매우 컸다.

나를 경험해 본 수강생들은 내 수업을 통해 수동적인 삶이 능동적으로 바뀌었다거나, 이전과는 다른 관점으로 사업을 바라볼 수 있게 되었다며 감사함을 표현해 주는 분이 많았는데 이런 긍정적인 피드백에도 불구하고 일방적인 비판을 들었을 때에는 돌아서는 발걸음이 늘 무거웠다.

나도 사람인지라 이런 뒷말이 많아질수록 걸어온 길을 뒤돌아보며 '내가 정말 잘못하고 있는 건가?'라는 자기 의심이 들기도 했다. 그런 날에는 아무도 나를 좋아해 주지 않는다는 외로움과 무기력함이 걷잡을 수 없이 몰려왔다.

어느 날, 이런 마음을 달래고자 유튜브에서 시기·질투에 관한 영상을 보게 되었는데 한 유튜버가 이런 이야기를 했다.

"시기·질투하는 사람이 많다면 주변에 평범한 사람이 많다는 의미이고, 박수와 칭찬이 많다면 주변에 비범한 사람이 많다는 의미이다."

이 이야기를 듣고 가만히 생각해 보니 내가 하고 있는 일에 대한 평가가 극명하게 나뉘고 있다는 걸 깨달았다. 어떤 이들은 '대단하다.', '너무 잘하고 있다.', '더 잘될 것이다.'라고 이야기하는 반면, 누군가는 '별것도 아닌 걸로 강의를 한다.', '내가 안되는 건 저 사람 때문이다.'라는 이야기를 하는 게 아닌가? 이 차이는 도대체 어디서 오는 건지 스스로 고민을 해봤더니 답은 내가 아닌 상대방에게 있었다.

혹시 당신도 평범한 사람들의 평가에 흔들린 경험이 있는가?

나는 이런 상황을 마주했을 때 브랜드 코어를 더욱 단단하게 하기 위해 독서를 했다. 특히 내가 좋아하는 마케팅 서적 중 『핑크 펭귄』이라는 책이 있다. 제목 그대로 수많은 검은색 펭귄들 사이에서 독보적으로 돋보일 수밖에 없는 핑크 펭귄이 되어야 한다는 내용과 그 방법을 담은 책인데, 저자인 빌 비숍에 따르면 검정 펭귄 상당수가 핑크 펭귄이 된 당신이 무리를 떠나려는 걸 모든 수단을 동원해 막을 것이라고 한다. 이 구절을 읽는데 나를 일방적으로 비판하는 사람들이 오버랩되었다.

앞서 본 유튜브 콘텐츠와 『핑크 펭귄』의 한 문장 덕분에 나의 생각도 크게 변하기 시작했다. 이제는 부정적인 평가도 데이터로 활용하여 나의 약점을 보완해 나가기 위해 노력하고 있다. 예를 들어 '수강생을 이용한다.'는 말에 '나는 그렇지 않아!'라고 대응하기보다는 수강생과의 협업, 무료 챌린지 등을 통해 그들의 성과를 극대화하면서 수강생에 대한 나의 마음을 행동으로 보여주고 있다. 이런 변화를 통해 나는 오히려 더 많은 고객과 수강생에게 신뢰를 얻게 되었고, 그 신뢰는 내 사업의 큰 자산이 되었다.

필라테스를 할 때 코어 힘이 강해야 고난도 동작을 해낼 수 있듯이, 브랜드를 운영할 때에도 코어가 필요하다. 목적지를 향해 가다 보면 수많은 장애물이 불현듯 나타나기 마련이다. 그 장애물은 사건일 수도 있지만 사람일 수도 있다. 그것들을 모두 피해 가려고 한다면 목적지에 도달하기가 점점 힘들어질 것이다. 피하지 않고 하나씩 뛰어넘어야 내 브랜드만의 코어가 생기고, 이것을 강화해야만 더 큰 장애물을 만났을 때 유연하게 대처할 수 있는 힘이 생긴다.

브랜드 코어를 강화하기 위해서는 다음 3가지를 기억하자.

- '나는 누구를 위해, 어떤 일을 하고 있는가?' 내 브랜드의 명확한 철학 정립
- 그 철학을 한 줄의 메시지로 정의하고, 타깃 소비자에게 꾸준히 전달
- 소비자, 경쟁 업체의 모든 피드백을 데이터화하여 브랜드 성장에 활용

이제 부정적인 평가를 두려워하지 않길 바란다. 비판이 많다는 건 당신이 그만큼 주목받고 있다는 증거이기도 하니까. 그 주목을 긍정적인 에너지로 전환한다면 당신의 브랜드가 성장하는 데 큰 원동력이 될 것이다.

무엇을 위해 여기까지 왔을까?

한동안은 잘 지내고 있었다. 사업도 자리 잡았고, 수업도 꾸준히 이어졌고, 전시와 출강도 성과를 내고 있었다. 물론 늘 바빴지만, 내 나름의 리듬대로 살아가고 있었다. 크게 흔들림 없이, 괜찮은 속도감으로.

그러다 어느 날, 나보다 훨씬 앞서간, 말 그대로 '완전히 다른 레벨'의 대표님들을 만나게 되었다. 처음에는 그들의 성공과 삶의 규모에 자극을 받았고, '와, 저런 삶도 가능하구나.'라는 마음으로 새로움을 받아들였다. 그런데 어느 순간부터 그 자극은 부러움으로, 그리고 부러움은 곧 조급함으로 변해 갔다.

건물을 사는 사람들, 부동산에 투자해 안정적인 수익 구조를 갖춘 사람들, 이미 큰 조직을 꾸리고 글로벌 진출까지 현실로 만든 사람들. 그들을 보며 나는 '나도 저렇게 해야 하는 거 아닐까?', '나는 너무 느린 건 아닐까?', '저 길을 지금 당장 따라가지 않으면 뒤처지는 건 아닐까?' 하는 생각에 사로잡히기 시작했다.

돌아보면 그들이 어떤 과정을 지나왔는지는 보지 않고, 지금 그들이 서 있는 자리만을 보며 내 길을 흔들고 있었던 거다. 사실 나는 그 누구도 따라가려 하지 않았고, 처음엔 오히려 남들과 다른 길을 선택했기 때문에 여기에 왔다. 그런데도 어느 순간, '내가 만든 길이 아니라 누군가가 이미 가 있는 길'을 부러워하며 따라가고 싶어 했다. 그게 나를 지치게 했고, 자꾸만 나 자신이 부족한 사람처럼 느껴지게 만들었다.

그래서 나는 삶을 다시 바라보기 시작했다. 혼란이 깊어질수록, 나는 다시 처음으로 돌아가 나에게 질문을 던지기 시작했다.
'나는 무엇을 위해 이 일을 시작했을까?'
'내가 가장 행복했던 순간은 언제였지?'
'정말 저 방향이 내가 원하는 삶일까?'
'나는 지금 어디로 가고 있는가?'
천천히, 하나씩 돌아보니 내가 가장 기뻤던 순간은 매출이 성장했을 때가 아니라 누군가의 삶에 진짜 의미 있는 순간을 함께 만들었을 때였다.
내 수업이 누군가에게는 창업의 계기가 되었고, 내 전시가 누군가에게는 작가로서의 첫 도전이 되었으며, 내가 만든 작품이 누군가의 가장 소중한 하루를 평생 간직하게 해주었다. 그 기억들이 내 마음을 다시 중심으로 데려다주었다. 나는 더 크고 화려한 목표를 좇고 있었던 게 아니라, 누군가에게 진짜 '남는 무언가'를 주고 싶었을 뿐이었다.

나는 이제 남들과의 속도를 비교하지 않는다. 누가 얼마나 멀리 갔는지보다 내가 얼마나 내 마음에 맞게, 내 속도로 가고 있는지를 더 중요하게 생각한다. 앞으로 나는, 진심이 닿는 브랜드를 운영하고 싶고, 빠르게 소비되지 않는 콘텐츠를 만들고 싶고, 함께 걷는 사람들이 지치지 않도록 천천히 가는 구조를 만들고 싶다. 그게 바로 내가 진짜 원했던 삶, 내가 가장 행복했던 방식, 그리고 앞으로도 지켜가고 싶은 방향성이다.

이제는 안다. 모든 걸 가질 수는 없지만, 나에게 맞는 삶은 스스로 선택할 수 있다는 것을. 그리고 그 선택이, 내가 오래도록 이 일을 사랑할 수 있게 해준다는 것도.

이도 저도 안 될 땐 100번 써라

사업을 하면서 한 가지 목표에 온전히 집중하는 것은 생각만큼 쉽지 않다. 특히 방향이 흔들릴 때는 머릿속이 복잡해지고, 지금 무엇을 해야 하는지조차 명확하지 않을 때가 많다. 그럴 때 내가 실천했던 방법 중 하나가 바로 '100번 쓰기'였다. 이 방법은 스노우 폭스 창립자 김승호 회장이 추천했던 방식으로, 간절히 원하는 목표를 100번씩 100일 동안 써보는 것이다.

처음 이 이야기를 들었을 때는 반신반의했다. '그냥 목표를 적는다고 해서 뭐가 달라질까?' 하는 의문이 들었다. 하지만 실제로 해보니 가만히 앉아 목표를 적기만 하는 것이 아니라, 그 목표를 매일 되새기면서 내가 그것을 이루기 위해 무엇을 해야 하는지 고민하게 되는 과정이었다.

처음 100번 쓰기를 시작할 때는 많은 사람이 너무 먼 미래의 목표를 적는 실수를 한다. 창업한 지 얼마 안 된 사람이 '연 매출 1,000억 달성' 같은 목표를 적는 것이다. 물론 장기적인 비전은 중요하다. 하지만 너무 막연한 목표는 오히려 사기를 저하시킬 수 있다. '이게 가능하기나 한 걸까?', '내가 지금 이걸 적고 있는 게 무슨 의미가 있지?' 이런 생각이 들면서 목표를 적는 행위 자체가 점점 형식적으로 변하게 된다.

그래서 나는 가까운 목표부터 적는 것을 추천한다. 예를 들면 '이번 달 매출 500만 원 달성', '수강생 2명 모집', 'SNS 릴스 10개 제작' 등과 같이 실현 가능한 목표를 매일 반복해서 적다 보면 자연스럽게 그 목표를 이루기 위한 방법을 고민하게 된다.

내가 처음 100번 쓰기를 시작했을 때, 솔직히 말하면 처음 며칠 동안은 아무 감흥 없이 기계적으로 적었다. 하지만 며칠이 지나면서 한 가지 변화가 생겼다. 목표를 적기만 하는 게 아니라 '어떻게 하면 이 목표를 달성할 수 있을까?'라는 질문을 스스로 던지기 시작한 것이다. 목표를 적으면서 자연스럽게 작은 실행 계획을 함께 적게 되었고, 그걸 실천하면서 점점 목표에 가까워지고 있었다. 예를 들어 '해외 출강 시작', '새로운 수업 개발'이라는 목표를 적으며 처음에는 막연한 목표를 적는다고 생각했지만, 반복해서 쓰다 보니 '해외 출강을 가려면 어떤 것부터 준비해야 할까?', '어떤 방향의 수업을 개발해야 할까?'라는 고민을 하게 되었다. 그러면서 나는 목표를 이루기 위한 실행 계획을 자연스럽게 구체화하게 되었다.

1. '해외 출강 시작'을 이루기 위한 계획
   - 시장 조사: 해외 시장에서 반응이 좋은 아이템 서치
   - 국내 협회 설립: 해외 수강생에게 민간 자격증을 발급하기 위한 목적

2. '새로운 수업 개발'을 이루기 위한 계획
   - 해외 진출: 국내는 물론이고 해외에서도 반응이 좋은 커리큘럼 기획
   - 확장성: 수업에서 배운 아이템을 판매뿐만 아니라 더 넓은 사업 영역으로 확장 가능하도록 개발

100번 쓰기는 그저 '원하는 것'을 나열하는 것이 아니라 나의 목표를 실현 가능한 계획으로 정리하는 습관을 만들어준다. 그리고 가장 중요한 것은, 앞서 언급한 목표들이 현실이 되었다는 점이다. 나는 해외 출강을 다녀왔고, 새로운 수업을 성공적으로 론칭했다.

100번 쓰기의 가장 큰 장점은 하루 중 내 목표에 집중하는 시간을 갖게 된다는 것이다. 많은 사람이 목표를 한 번 정해 두고, 그 후에는 잊어버린 채 일상을 살아간다. 하지만 100번 쓰기를 하면 목표를 계속 떠올리게 되고, 그것을 이루기 위해 지금 당장 무엇을 해야 하는지를 진지하게 고민하게 된다.

목표를 적는다는 건 목표를 향한 집중력을 키우는 과정이다. 그 과정에서 우리는 목표를 이루기 위한 '행동'까지 연결하게 된다.

사실 100일을 다 채우진 못했다. 하지만 적었던 목표 중 현실이 된 것들이 있다. 목표가 현실이 되는 경험. 그 경험을 쌓아가다 보면 우리는 꿈꾸는 사람이 아니라 목표를 이루는 사람이 될 것이다. 하나씩 현실이 될 때마다 다음 목표를 더 구체적으로 그릴 수 있게 된다. 그리고 어느 순간, 내가 적었던 문장들이 내 삶의 일부가 되어 있을 것이다.

만약 지금 목표를 이루기 위해 무엇을 해야 할지 막막하다면, 어디서부터 시작해야 할지 모르겠다면 일단 적어보자. 목표를 100번씩 100일 동안 써보면서 당신은 매일 그 목표를 향해 한 걸음씩 나아가게 될 것이다. 그리고 그 목표가 현실이 되어 있는 경험을 하게 될 것이다.

PART 6

자신의 길을 만드는 사람들

길을 잃고 방황하고 있는 당신에게

요즘 당신은 어떤 고민을 하고 있는가? 사업을 시작했지만 기대만큼 성장하지 않아 답답한가? 아니면 처음부터 어떤 방향으로 가야 할지 몰라 막막한가?

나는 창업 컨설팅을 하면서 수많은 수강생을 만난다. 사업 초기에 갖는 고민은 비슷하다. '고객은 늘어날까?', '이게 내 길이 맞을까?'

나도 처음 사업을 시작할 때 아무 준비도 없이 맨땅에 헤딩을 했기 때문에 그들의 마음을 잘 안다. 그래서 나의 경험을 모두 공유한다. 하지만 사업 초기의 이 과정을 모든 사람이 버텨내지는 못한다. 다이어트를 결심하자마자 살이 빠지는 게 아니라 식단과 운동을 병행해야 조금씩 효과가 나타나듯 사업도 마찬가지다. '나는 이 아이템으로 대박을 터뜨려 경제적 자유를 누리겠어!'라고 결심한다고 해서 그런 일이 일어나지는 않는다는 뜻이다.

사업을 안정기에 접어들게 하기 위해서는 아무도 나를 봐주지 않는 것 같고, 혼자 발버둥 치는 것 같은 사업의 초기 단계를 잘 버텨야 한다. 그래야 그다음 단계로 성장할 수 있고, 고민의 깊이도 더욱 깊어진다. 나는 사업의 단계에 따라 고민의 단계도 달라진다고 생각한다.

1단계. 사업 인턴(창업 준비~1년 차): 이 단계에 있는 대부분의 초보 사업자에게는 SNS 세팅, 작품 제작, 고객 응대 등 눈앞의 모든 것이 고민거리이다. 이들은 더 넓은 시각으로 사업을 바라볼 여유가 없을 것이다. 그래서 내가 해줄 수 있는 최선의 피드백은 눈앞의 문제를 어떻게 빠르고 효율적으로 해결할 수 있는지에 대해서다.

2단계. 사업 정직원(1~3년 차): 비교 대상이 많아지면서 불안감과 조급함이 극대화하는 시기다. '내가 잘하고 있는 걸까?' 하루에도 수십 번 방향성이 흔들릴 것이다. 이 시기에는 마인드셋 정비와 내 사업의 강점 찾기가 중요하다. 따라서 나의 피드백도 그 부분에 초점을 맞춰 이루어진다.

방향성 전환 사례

경북 구미에서 2대에 걸쳐 꽃집을 운영하고 있는 '현대 꽃집'은, 처음 나를 찾아왔을 때 상호를 바꾸고 싶어 했고, 소비자 연령대가 높아 저렴한 상품만 찾는 게 고민이라고 했다. 나는 우선 그 꽃집의 상호가 얼마나 가치 있는지를 말씀드렸다. 30년 넘게 하나의 이름을 이어왔다는 그 자체가 브랜딩이 될 수 있기 때문이다. 지역 주민들의 머릿속에 각인이 되어 있으니까.

상호를 바꿀까 고민하던 그분은 결국 기존 상호를 지키기로 결정하고 이전보다 더욱 공격적인 마케팅을 하고 있다. 꽃집 객단가를 높이기 위해 배운 리부케 기술로 현재는 객단가를 2배 이상 높이고, 퇴근을 하지 못할 정도로 바쁜 삶을 살고 있다. 또한 릴스 마케팅을 통해 인스타그램 팔로워가 2,000명 미만에서 4,000명에 육박할 정도로 단기간 내에 빠르게 성장했다. 생화만 팔던 꽃집에서 서서히 방향성을 바꿔가고 있는 것이다.

이 전략은 꽃집뿐만 아니라 다양한 업종에서도 적용 가능하다. 베이킹 클래스를 운영하던 사람이 고객층을 넓히기 위해 굿즈(앞치마, 도구 등)를 개발해 추가 수익을 만들거나, 소규모 카페 운영자가 원데이 클래스와 MD 상품을 도입해 새로운 매출을 창출하는 방식도 같은 원리다. 핵심은 기존 고객을 유지하면서 점진적으로 사업을 확장하는 것이다.

방향성을 전환하는 건 아주 큰 위험 요소가 따른다. 기존 사업에서 갖고 있던 정체성과 새롭게 추구하고자 하는 정체성 모두를 잃을 수 있기 때문이다. 과거의 나를 예로 들어보자. 나는 꽃집을 운영하며 겪었던 어려움을 이겨내기 위해 리부케 기술을 배웠다. 만약 기술을 배우자마자 '내가 살길은 이거다!'라는 마음으로 꽃집을 즉시 폐업하고 리부케 공방으로 처음부터 시작했다면 어땠을까? 기존 고객들은 더 이상 나의 SNS에 흥미를 갖지 않게 되고 다수가 이탈을 했을 것이다. 리부케 공방으로서는 신생 업체이기 때문에 브랜딩부터 다시 시작해야 한다.

하지만 실제로는 꽃집과 리부케를 3년 정도 병행했다. SNS를 통해 생화 상품과 리부케 상품을 지속적으로 노출함으로써 기존 고객들에게 '꽃을 활용한 상품의 다양성'을 어필했다. 기존 사업에 유예 기간을 준 것이다.

사업의 방향성을 완전히 전환하게 된 결정적인 계기는 매장을 이전하고 난 후였다. 이전 후 생화 매출은 차츰 떨어지고 리부케 매출이 가파르게 오르면서 기존 사업을 정리할 수 있었다.

이런 경험이 있기 때문에 나는 새로운 방향성을 고민하는 수강생에게 아이디어를 제시할 때 '이 사람의 강점을 최대한 살릴 수 있는 게 뭐가 있을까?', '기존 사업을 유지하면서 성장할 수 있는 건 뭐가 있을까?'를 중점적으로 고민한다. 이런 과정을 통해 그 사람에게 맞는 수업 개설을 제안하거나 특정 시장을 공략하여 상품을 개발·판매해 보는 건 어떨지 제안한다. 이렇게 방향성에 대해 수강생과 함께 고민하는 이유는 여러 갈래의 길을 먼저 걸어가 본 사람과 그렇지 않은 사람이 볼 수 있는 것은 하늘과 땅 차이이기 때문이다. 나의 역할은 그 사람이 전혀 생각하지 못했던 부분을 인지시키고, 실행할 수 있도록 돕는 것이다.

나는 사업을 할 때 단 하나의 방향성만 본다는 것이 얼마나 성장을 더디게 만드는지 경험을 통해 깨달았다. 그래서 당신이 과거의 나와 같은 실수를 하지 않았으면 한다. 삼성은 처음 창업했을 때 국수를 팔았고, CJ는 설탕을 팔았다. 넷플릭스는 DVD 대여 업체였고, 티파니앤코는 놀랍게도 문구점이었다. 이 기업들의 현재 모습을 떠올려보면 초기 사업 모델은 상상조차 할 수 없을 것이다.

당신이 지금 하고 있는 사업도 마찬가지다. 시작은 A였을지 몰라도 방향성을 어떻게 잡느냐에 따라 Z로 발전할 수 있다. 그렇기 때문에 때로는 직진보다 골목을 탐험해 보는 도전 정신도 필요하다.

당신의 최종 목적지는 어디인가? 사업 정직원 단계에서 방향성을 고민하고 있는 당신을 위해 자가 진단표를 준비했다. 당신이 지금 하는 일이 미래에도 경쟁력이 있을지 고민된다면 아래 3가지 질문과 자가 진단표를 체크해 보자.

- 내 사업이 현재 고객에게 줄 수 있는 가장 큰 가치는 무엇인가?
- 5년 후에도 내 아이템이 여전히 시장에서 필요할까?
- 내가 기존의 자원을 활용해 시도할 수 있는 새로운 방향은 무엇인가?

*1점(전혀 해당하지 않음)~5점(매우 해당함)으로 점수를 매겨보세요. (총 50점)

항목	점수
사업의 방향성이나 목적이 불분명하다고 생각한다.	1 2 3 4 5
고객층이 점점 줄어들거나 정체 상태에 있다.	1 2 3 4 5
시장 변화에 따라 사업 아이템의 경쟁력이 떨어진다.	1 2 3 4 5
수익성이 점점 낮아지고 있다.	1 2 3 4 5

사업에 흥미나 열정이 떨어졌다.	1 2 3 4 5
경쟁사와 차별화된 강점이 부족하다.	1 2 3 4 5
새로운 시장이나 고객층에 대한 접근이 어렵다.	1 2 3 4 5
사업에 대한 스스로의 전문성이 부족하다고 느낀다.	1 2 3 4 5
현재 사용하는 마케팅 전략이 효과적이지 않다.	1 2 3 4 5
사업의 지속 가능성에 대해 불안하다.	1 2 3 4 5
[결과 해석] - 35점 이상: 지금 당장 사업의 방향성을 점검해야 한다! 시장 조사, 멘토링, 브랜딩 개선 등 실행 가능한 방법을 찾아보자. - 20~34점: 지금이 사업을 업그레이드할 기회! 낮은 점수를 받은 항목을 보완할 전략을 세우자. - 19점 이하: 큰 변화는 필요 없지만, 현재 강점을 더욱 키울 방법을 고민하자.	

지금 당신이 고민하는 방향성은 결국 당신의 미래를 결정할 것이다. 1년 후, 3년 후에도 같은 고민을 반복할 것인가, 아니면 오늘 한 걸음을 내딛어 변화를 만들어갈 것인가? 고민을 실행으로 바꾸는 사람이 결국 더 빨리 성장한다. 자가 진단표를 체크했다면, 이제 그 점수에 따라 하나의 행동을 정해 오늘 당장 실천하라.

그 작은 한 걸음이, 당신을 원하는 방향으로 이끌 것이다.

혼자 걸어온 줄 알았던 길

나는 절대 아버지처럼 살지 않을 거라고 생각했다. 아버지는 일과 가족밖에 몰랐다. 친구도 만나지 않았고, 취미 생활도 없었다. 쉬는 날에는 거실 소파에 누워 TV를 보거나 잠만 잤다. 언제나 똑같은 나날이었다. 그럴 거면 차라리 가족과 나들이라도 가면 좋을 텐데, 아버지는 늘 집에서 조용히 있고 싶어 했다.

그때의 나는 답답했다.

'쉬는 날까지 저렇게 보내면 재미없지 않아?'

'일만 하고 사는 게 행복할까?'

나는 그렇게는 살고 싶지 않았다.

'난 나중에 꼭 내 시간을 즐길 거야. 아버지처럼 일에만 매달려 살진 않을 거야.'

그렇게 생각했다.

하지만 사업을 시작하고 얼마 지나지 않아 아버지처럼 살고 있는 나를 발견했다. 하루 종일 일을 하고, 일이 끝나도 머릿속은 온통 사업 생각뿐. 친구들과 만나서도 온전히 대화에 집중하지 못했다. 눈앞의 친구보다 그날 올린 SNS 콘텐츠의 반응이 더 신경 쓰였고, 머릿속엔 '빨리 업무를 마무리해야 하는데……'라는 생각이 떠나질 않았다. 함께 있어도 마음은 온전히 그곳에 있지 않았다.

한때는 일도 사람도 취미도 균형 있게 챙길 수 있을 거라 생각했지만, 점점 내 삶에서 일이 가장 중요한 우선순위가 되어가고 있었다. 그리고 쉬는 날이 와도 어디 나가고 싶다는 생각보다 '그냥 누워서 쉬고 싶다.'는 생각이 먼저 들었다. 그 순간 깨달았다.

'아버지도 이렇게 살 수밖에 없었던 거구나.'

나는 예전엔 아버지가 인생을 즐기지 않는다고 생각했다.

'왜 그렇게 사는 걸까?', '조금이라도 자신만을 위한 시간을 가질 수 있지 않을까?'

하지만 이제는 안다. 아버지에게는 '일'이 단순한 노동이 아니었다. 아버지에게 일은 가족을 책임지는 수단이었고, 우리 가족이 안정적으로 살아갈 수 있도록 묵묵히 감당해야 하는 무게였다. 그리고 그 무게를 감당하는 과정에서, 아버지도 어쩌면 나처럼 많은 고민을 했을 것이다. 나는 그걸 이해하지 못한 채 아버지를 답답한 사람으로만 봤다.

업무가 끝난 후에도 머릿속에서 떠나지 않던 걱정들처럼, 아버지도 가족을 위해 끊임없이 고민하고 있었을까? 어쩌면 나처럼 밤마다 내일 해야 할 일들을 정리하고, 때론 불안해하고, 때론 만족하며 그렇게 하루하루를 버텨왔던 건 아닐까? 아버지는 수많은 희생 속에서도 충분한 행복을 느꼈을지도 모른다. 그리고 나 역시 일 속에서 힘들지만 분명한 보람을 느끼고 있다는 걸 깨달았다.

나는 절대 아버지처럼 살지 않을 거라고 했다. 하지만 어느새 나는 아버지처럼 살고 있다.

이제는 아버지가 살았던 그 삶을 존경한다. 그리고 그 곁에서 평생을 함께해 온 어머니 또한 존경한다. 아버지가 가족을 위해 묵묵히 살아온 동안, 어머니는 그 길을 함께 버텨내며 아버지를 지탱했다. 그리고 지금, 나는 아버지의 자리에서 가정을 책임지고 있고, 남편은 어머니처럼 내 곁에서 나를 지탱하며 함께 이 길을 걸어가고 있다. 하지만 단순히 곁을 지켜주는 것이 아니다. 남편은 내 사업에서 없어서는 안 될 가장 중요한 파트너다. 우리는 함께 고민하고, 함께 결정하며, 같은 방향으로 나아간다. 내가 앞에서 끌어간다면, 그는 뒤에서 든든하게 받쳐준다. 때로는 내가 지치고 흔들릴 때, 그가 나보다 더 나를 믿어주고, 내가 놓칠 뻔한 부분을 채워주며 함께 이 사업을 성장시켜 나가고 있다.

나는 한때 '성공이란 혼자 이루는 것'이라 생각했다. 하지만 진짜 성공은 혼자 잘하는 것이 아니라 함께 만들어가는 과정 속에 있다는 것을 깨달았다. 사업도 마찬가지다. 처음 창업했을 때는 '나 혼자 잘하면 된다.'고 생각했지만 시간이 지나면서 깨달았다. 나 혼자만 잘해서는 오래갈 수 없다는 것을. 그렇게 나는 조금씩, 성공의 본질을 다시 배우기 시작했다.

나만 성공하는 건 불가능하다

혹시 이런 이야기를 들어본 적이 있는가?

"테이커(Taker)가 아닌 기버(Giver)가 되어야 한다."

특히 사업하는 사람이라면 기버의 마인드를 갖춰야 한다는 말을 한 번쯤 들어봤을 것이다.

세계적 조직심리학자 애덤 그랜트(Adam Grant)의 저서 『기브 앤테이크(Give and Take)』에 따르면 세상에는 세 가지 유형의 사람이 존재한다고 한다. 내가 준 것보다 더 많은 이익을 챙기려고 하는 테이커, 자신의 이익 못지않게 상대방의 이익을 존중하면서 베풀고 나눠주는 기버, 그리고 내가 준 것과 받는 것을 동일하게 여기는 매처(Matcher)라는 유형이다.

처음 창업했던 때를 돌이켜보면 나는 기버도, 매처도 아닌 완벽한 테이커였다. 심지어 기버가 돼야 한다는 말에 동의하지 못하는 사람이었다. 나의 초기 사업 스타일에 대해 이야기해 보자면, 꽃집을 막 오픈했던 29세의 나는 '난 서비스직에서 많이 일해 봤고, 센스도 있으니까 혼자 알아서 잘할 수 있어.'라는 오만한 착각을 하고 있었다. 그땐 멘토가 없었으니 이게 얼마나 어리석은 생각인지 알려주는 사람이 없었다. 이런 마음가짐으로 도움을 주지도, 받지도 않고 독불장군처럼 모든 문제를 헤쳐 나갔다. 조금 더 솔직히 말하자면 도움을 받기는 내심 원했지만 내가 줄 생각은 하지 않았다.

동네 구멍가게처럼 매장을 운영할 때에는 이런 사업 스타일이 전혀 문제가 없었지만 그런 마음가짐으로 클래스를 운영하기 시작했더니 수강생들이 '돈'으로 보이기 시작했다.

'와! 이번 달에 수강생 3명 모집됐다, 매출 OO원은 보장이네!'

지금 돌이켜보면 아찔한 생각이지만 그땐 수강생을 다른 관점으로 바라볼 생각 자체를 못 했다. 수업을 들으러 왔을 땐 내가 알고 있는 지식을 최대한 전달해 주려고 노력했지만 수업이 끝나고 나면 이후의 일은 '수강생의 책임'이라고 생각했기 때문에 그 사람이 진심으로 잘되기를 바라면서 도와주지 못했다.

그랬더니 어떤 일이 발생했을까? 사업에서 가장 중요한 재구매가 일어나지 않았고, 수강생과 끈끈한 유대 관계조차 생기지 않았다. 나는 이때까지도 뭐가 문제인지 알지 못했다.

생각의 전환은 뜻밖의 사건에서 시작되었다. 바로 인스타그램 로직이 바뀌며 마케팅을 공부하기 시작했을 때였는데 망치로 뒤통수를 세게 맞은 느낌이었다. '내가 지금까지 뭘 한 거지?' 지난 4년을 돌아보게 되었다. 그때 내 안에 있던 테이커라는 녀석을 꺼내 쓰레기통에 던져버렸다. 기버가 되기 위한 준비 과정이었던 것이다.

이후 내가 가장 먼저 했던 일은 2024년의 목표를 설정하는 것이었다. 목표를 구체적으로 세팅해야 앞으로 해야 할 일들을 순서대로 정리할 수 있었기 때문이다. 내가 정한 2024년의 목표는 '내 수강생만큼은 나처럼 많은 시행착오를 겪지 않고 성공의 지름길로 갈 수 있도록 도와주자!'였다. 목표를 설정하는 순간 내가 해야 할 일들이 명확해졌다. 나는 그때부터 모든 시간과 노력을 수강생의 이익을 위해 쏟기 시작했고, 그랬더니 거짓말처럼 수강생들의 성과가 쏟아져 나왔다. 그렇게 교육 후기가 쌓이니 나의 매출은 자연스럽게 상승했다.

당신이 기버가 되기로 마음먹었다면 주의해야 할 한 가지가 있는데, 바로 '무조건 베풀지 않는 것'이다. 기버는 베풀고 나눠주는 사람이라고 했는데 베풀지 말라니 이게 무슨 말인지 혼란스러울 것이다. 우리는 그냥 기버가 아닌 '균형 잡힌 기버'가 되어야 한다. 애덤 그랜트는 『기브앤테이크』에서 "성공한 기버는 타인과 더불어 자신의 이익도 챙길 줄 안다. 그들은 남을 이롭게 하는 데 관심이 있지만 또한 자신의 이익을 위한 야심찬 목표도 세운다."라고 말했다.

기준도 없이 베풀기만 한다면 정도를 지나치게 될 것이다. 따라서 어느 한쪽으로 치우치지 않은 균형 잡힌 기버가 되기 위해 다음 5가지를 반드시 체크해야 한다.

항목	마음가짐	체크 사항
'도움'이 아닌 '가치' 제공	교육자·판매자는 일방적으로 주는 사람이 아니라 상대방이 스스로 더 나아질 수 있도록 가치를 창출하는 역할을 한다.	- 상대방의 필요와 목표를 정확히 파악했는가? - 장기적 성장을 돕는 방향으로 교육·제품을 설계했는가?
과도한 퍼주기를 피하고 균형 찾기	'모두를 만족시킬 수 없다.'는 사실을 인지하고, 자신의 에너지를 지키며 지속 가능한 도움을 줘야 한다.	- 상대방의 요구를 무조건 수용하는 게 아니라 정확한 가이드라인과 한계를 설정했는가?

항목	마음가짐	체크 사항
수강생·고객을 성장시키기	교육자·판매자는 단순히 정보를 제공하거나 제품을 판매하는 게 아니라 상대방의 성장과 성공을 지원해야 한다.	- 교육에서 학습자가 스스로 사고하고 성장할 수 있는 기회를 제공하고 있는가? - 판매 시 고객이 제품을 잘 활용할 수 있도록 충분한 안내 또는 가이드라인을 제공하는가?
스스로 성장하기	스스로 성장하지 않으면 상대방에게 더 큰 가치를 줄 수 없다.	- 자신의 전문성을 키우기 위해 꾸준히 학습·경험에 투자하고 있는가? - 새로운 트렌드에 따라 달라지는 수강생·고객의 니즈를 파악하고 반영할 수 있는가?
'가치 교환' 관점 유지하기	교육자·판매자가 제공하는 가치와 상대방이 주는 대가(금전, 신뢰 등)는 균형 있는 교환이 있어야 한다.	- 교육·제품의 가격이 내가 제공하는 가치에 부합하는가? - 상대방이 비용·시간에 대한 가치를 느끼도록 실제적인 효과와 결과를 제공하는가?

 이처럼 균형 잡힌 기버가 되기 위해서는 균형 잡힌 마음가짐이 반드시 필요하다. 아무런 준비 없이 '기버가 되겠어!'라는 마음 하나로 퍼주기 시작한다면 큰 부작용들이 나타날 것이다. 예를 들어 감정 소모가 너무 커져서 더 이상 타인에게 가치를 제공할 수 없는 상태가 되거나, 상대방이 나에게 의존하는 정도가 지

나치게 커질 수 있다. 그런 경우에는 상대방도 자립할 능력을 잃기 때문에 결과적으로는 서로에게 악영향을 미친다.

이뿐만 아니다. 지나치게 퍼주다 보면 받는 사람은 그 도움을 당연시하거나 가치를 낮게 평가하면서 나의 도움을 소중하게 여기지 않을 수 있다. 따라서 신뢰와 가치를 기반으로 한 상호 지속적인 관계가 되기 위해서는 위의 5가지를 꼭 체크하고 준비하길 바란다.

나는 눈앞의 '돈'만 좇으며 사업을 할 때는 매월 300만 원도 벌지 못했지만, 수강생을 성공시키겠다는 마음가짐 하나로 수업을 진행했더니 그들이 내 수업을 통해 수익을 창출할 수 있게 되었고, 이전보다 30배 많은 수입은 부수적으로 따라왔다.

테이커, 매처, 기버. 현재의 당신은 어떤 유형의 사람이고, 앞으로 어떤 유형의 사람이 되고 싶은가?

기회를 만드는 3G 공식

사람들은 종종 성공한 사람을 보며 이렇게 말한다.

"저 사람은 원래 운이 좋았어."

"타이밍이 기가 막혔네."

"나도 저런 기회만 있었으면 잘했을 텐데."

하지만 이런 말을 하는 사람들이 놓치고 있는 것이 있다. 운과 기회는 하늘에서 떨어지는 것이 아니라 스스로 만들어가는 것이다. 가만히 앉아 기회를 기다리는 사람에게는 아무 일도 일어나지 않는다. 반대로, 기회를 만드는 사람은 끝없이 움직이며 운을 끌어당긴다.

그렇다면 기회를 만드는 사람들에게는 어떤 특징이 있을까? 그들의 특징을 분석해 보면 3가지 공통점을 발견할 수 있는데, 나는 이를 '기회를 만드는 3G 공식'으로 정리했다.

- **Go(움직인다)**: 가만히 있지 않고 직접 행동한다.
- **Get seen(보여준다)**: 자신을 드러내고 기회를 포착한다.
- **Get ready(준비한다)**: 언제든 기회를 잡을 준비를 한다.

이 공식대로 움직이면 누구나 운을 만들어갈 수 있다. 이제 각 단계를 자세히 살펴보자.

Go(움직인다)

운을 만드는 첫 번째 단계는 움직이는 것이다. 가만히 앉아 있는 사람에게는 기회가 찾아오지 않는다. 끊임없이 움직이는 사람만이 새로운 가능성을 발견할 수 있다.

나는 사업이 겨우 안정기에 접어들자마자 인스타그램 노출이 줄어들면서 매출이 급격히 감소했던 적이 있다. '나는 운이 안 좋아.'라고 생각하며 불평할 수도 있었지만, 그렇게 하면 상황은 절대 변하지 않는다는 걸 알고 있었다.

나는 불평 대신 새로운 돌파구를 찾기 위해 직접 움직이기로 했다. 때마침 남편이 '팁스타그램' 계정을 발견했고, 나는 즉시 그 운영자에게 연락해 처음으로 마케팅이라는 개념을 배우게 되었다. 그리고 적극적으로 움직이면서 릴스를 제작하고, 더 나은 홍보 전략을 연구했다. 이 모든 과정이 없었다면 지금의 나도 없었을 것이다.

하지만 나는 여기에서 멈추지 않았다. 기회는 내가 원하는 방향으로 만들어갈 수도 있다.

나는 오래전부터 꿈꾸던 전시회를 직접 기획하기로 했다. 그리고 2025년 7월 '히든 메모리'라는 주제로 전시회를 주최했다. 단순히 작품을 보여주는 데 그치지 않고 바쁜 일상 속에서 쉼을 찾고 싶은 사람들을 위한 특별한 공간으로 기획한 이 전시는 그저 기다려서 얻어낸 것이 아니다. 협업하고 싶은 브랜드에 내가 직접 제안해서 만들어냈다. 가만히 있었다면 이런 기회는 오지 않았을 것이다. 하지만 내가 움직였기 때문에 '히든 메모리'라는 공간을 현실로 만들 수 있었다.

운이 없다고 불평하기 전에, 스스로 움직이고 있는지를 돌아봐야 한다. 원하는 기회가 있다면 기다릴 것이 아니라 직접 만들라. 끊임없이 움직이는 사람만이 새로운 가능성을 발견하고, 현실로 만들 수 있다.

Get seen (보여준다)

기회는 '보이는 사람'에게 찾아온다. 자신을 드러내지 않으면 아무도 당신의 존재를 모른다. 그러니 당신이 하는 일, 당신이 가진 능력을 세상에 보여줘야 한다. 많은 사람이 '나를 드러내는 것'을 부담스러워한다. '내가 뭘 잘한다고?', '사람들이 별 관심 없을 것 같은데…….'라고 생각하며 주저한다. 하지만 기회는 알려진 사람에게 찾아간다.

창업 초기, 나는 그저 제품을 만들고 판매하는 것에 집중했다. 하지만 제품을 예쁘게 만든다고 해서 고객들이 나를 알아서 찾아오진 않았다. 결국 내 브랜드를 유지하려면 사람들에게 나와 내 브랜드를 알려야만 했다. 그래서 SNS를 적극적으로 활용하며 나 자신을 보여주기 시작했다. 내가 어떻게 제품을 만드는지, 브랜드를 운영하며 가장 중요하게 생각하는 요소는 무엇인지, 소비자와 어떻게 소통하는지 등을 공유했다. 그러자 작은 변화들이 나타나기 시작했다.

한 웨딩홀 담당자가 몇 달 동안 내 콘텐츠를 눈여겨봤다며 연락을 주었다.

"대표님의 작품을 오랫동안 봐왔어요. 이번에 신부 대기실 장식을 변경해야 하는데, 대표님에게 맡기고 싶어요."

이렇게 성사된 대형 프로젝트를 통해 나는 대형 공간을 스타일링하는 새로운 경험을 쌓을 수 있었고, 내 역량을 한 단계 더 성장시키는 계기가 되었다.

소비자들도 적극적으로 반응하기 시작했다. 상품 홍보가 아닌 브랜드 철학과 작업 과정 등을 보여주자 "수업은 어떻게 받을 수 있나요? 꼭 대표님에게 배우고 싶어요."라며 지속적으로 찾아오는 고객들이 늘어났다.

세상은 스스로를 감추는 사람에게 기회를 주지 않는다. 더 많은 기회를 원한다면 더 많이 나를 노출해야 한다.

Get ready (준비한다)

마지막으로 중요한 것은 준비된 사람이 되는 것이다. 운이 온다고 해도 그것을 맞이할 준비가 되어 있지 않으면 아무 소용없다.

막 꽃집을 창업한 초보 사장 시절, 갑작스럽게 기업 강의 요청을 받은 적이 있다. 만약 그때 이에 대한 준비가 전혀 되어 있지 않았다면 '내가 이런 걸 할 수 있는 사람일까?' 하는 걱정에 그 기회를 잡지 못했을 것이다. 하지만 나는 매장 오픈 전부터 직장을 다니며 투잡으로 소규모 플라워 클래스를 운영한 경험이 있었다. 덕분에 강의를 하는 것이 익숙했고, 기업 강의도 두려움 없이 바로 진행할 수 있었다.

성공한 사람들을 보면 운이 좋아서 성공한 것이 아니다. 그들은 언제든 기회를 잡을 수 있도록 준비된 사람이었기에 기회를 놓치지 않았다. 운이 찾아오기를 기다리지 말고 미리 준비하라.

"운이란 준비가 기회를 만났을 때 탄생하는 것이다." - 세네카

운을 만들고 싶다면 기회가 올 때까지 기다릴 것이 아니라 미리 준비하고, 직접 움직여야 한다. 끊임없이 행동하고 자신을 드러내라. 그러면 어느 순간, 당신이 만들어놓은 기회들이 '운'이라는 이름으로 돌아올 것이다.

운을 만드는 사람은 바로 당신이다.

에필로그

처음엔 감각만 믿고 시작했다. 예쁜 걸 만들고, 감동적인 순간을 꽃으로 남기는 일이 너무 좋아서, 그 마음 하나로 브랜드를 만들고, 수업을 열고, 콘텐츠를 올렸다. 감각이 아예 틀렸던 건 아니었다. 덕분에 시작할 수 있었고, 꾸준히 만들 수 있었고, '무언가를 하고 있다.'는 자신감도 얻을 수 있었으니까.

하지만 어느 순간부터 힘들어지기 시작했다. 매출은 계속 들쑥날쑥했고, 열심히 만든 콘텐츠는 반응 없이 묻히기 일쑤였다. 브랜드는 존재하지만 운영은 안 되는 느낌. 누군가는 나보다 단순한 제품으로도 더 많이 팔고 있는 걸 보면서 '나는 왜 안 되는 걸까?'라는 생각이 점점 커져갔다.

그때부터 질문을 바꾸기로 했다. "이게 왜 안 될까?"가 아니라 "어떤 구조가 필요할까?"라고.

그렇게 해서 만든 것이 피죤 트리거였다.

브랜드가 고객에게 발견되고, 호기심을 자극해 들어오게 만들고, 작은 경험을 통해 신뢰를 쌓고, 망설이는 마음을 구매로 연결시키고, 결국 브랜드의 팬이 되게 하는 흐름.

이건 책에서 배운 이론이 아니라 내가 수없이 망설이고 실패하고 관찰하고 정리하며 직접 만들어낸 구조였다. 처음엔 "피죤 안 필요하세요?"라고 말했던 한 남자의 갑작스러운 질문에서 시작된 상상이었지만, 지금은 많은 브랜드 수강생과 현장에서 그 구조를 함께 실험하며 작은 성과들을 반복적으로 증명해 내고 있다.

지금도 완벽하진 않다. 지금도 릴스가 터지지 않으면 마음이 조급해지고, 강의가 끝나면 '다들 만족하셨을까?' 걱정한다. 그럼에도 불구하고 예전처럼 무너지지 않는 이유는 하나다. 설명할 수 있는 기준이 생겼기 때문이다. 무엇을 해야 할지, 왜 해야 하는지, 그리고 지금은 어디쯤 와 있는지를 알게 되었기 때문이다.

이 책은 그런 기준을 찾고 싶은 분들을 위한 책이다.
'감'이 아니라 '기준'으로 브랜드를 운영하고 싶은 사람, 좋아하는 일을 단순한 취미가 아니라 생계와 자존감이 연결된 '일'로 키워가고 싶은 사람. 그런 분들이 이 책을 읽고 '나도 다시 해볼 수 있을 것 같다.'는 마음을 가졌으면 좋겠다.

이제는 감각만으로 시작해도 괜찮다. 다만 그 감각이 무너지지 않도록 받쳐줄 구조를 함께 만들어갈 수 있기를 바란다.

이 책이, 당신이 길을 잃을 때마다 다시 방향을 잡게 해주는 나침반이 되기를 바라며, 브랜드를 혼자 끌고 가는 모든 분을 진심으로 응원한다.

**작은 공방,
큰 비즈니스가 되다**
부업으로 시작해 사업의 틀을 갖추기까지

초판 1쇄 발행 2025년 11월 10일
지은이 나혜선
펴낸이 안지선

편집 신정진
디자인 다미엘
마케팅 타인의취향 김경민·김나영·강지민·김하영
경영지원 강미연

펴낸곳 (주)몽스북
출판등록 2018년 10월 22일 제2018-000212호
주소 서울시 강남구 테헤란로 151 1006호
이메일 monsbook33@gmail.com

ⓒ 나혜선, 2025
이 책 내용의 전부 또는 일부를 재사용하려면
출판사와 저자 양측의 서면 동의를 얻어야 합니다.
ISBN 979-11-995392-1-1 03320

mons
(주)몽스북은 생활 철학, 미식, 환경, 디자인, 리빙 등 일상의 의미와 라이프스타일의
가치를 담은 창작물을 소개합니다.